从多元到新古典霸权

20世纪上半叶经济学在美国的发展及其影响

张 林 著

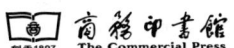

图书在版编目（CIP）数据

从多元到新古典霸权：20世纪上半叶经济学在美国的发展及其影响/张林著.—北京：商务印书馆，2021（2022.7重印）
ISBN 978-7-100-20273-2

Ⅰ.①从… Ⅱ.①张… Ⅲ.①经济思想史—研究—美国—1865-1945 Ⅳ.①F097.12

中国版本图书馆CIP数据核字（2021）第161121号

权利保留，侵权必究。

从多元到新古典霸权
20世纪上半叶经济学在美国的发展及其影响
张　林　著

商　务　印　书　馆　出　版
（北京王府井大街36号　邮政编码100710）
商　务　印　书　馆　发　行
涿州市星河印刷有限公司印刷
ISBN 978 - 7 - 100 - 20273 - 2

2021年11月第1版　　开本 880×1230 1/32
2022年7月第2次印刷　　印张 7⅝
定价：49.00元

云南大学"经济学本土化研究"创新团队建设成果;

云南大学中西部高校提升综合实力工程

"创新团队建设项目(社科)"资助

前　言

本书讲述的是20世纪上半叶发生在美国经济学中的故事。

美国在经济学研究中确立核心地位，是发生在20世纪50年代以后或者第二次世界大战结束后的事。这似乎表明在此之前美国的经济学没有太多值得讲述的故事。其实不然。20世纪上半叶美国的经济学发展，留下了诸多值得探讨的思想史素材。比如，19世纪后半期兴起的美国经济学为何表现出不同于正统经济学的特征？美国自己的经济学——制度主义——在经济学史上应该占有什么样的位置？两次世界大战之间这一美国经济学的多元时代具体表现在哪些方面？制度主义为何衰落下去，新古典正统经济学在美国又是如何重新取得支配地位的？这些问题在我们熟悉的经济思想史教材中都没有得到系统的阐述，甚至这一时期的美国经济学本身就根本不是主流经济思想史文献关注的对象。本书的目的之一，是力图反映这一时期美国经济学的全貌，并表明这段历史并非不值得研究。

经济学历史发展过程中的理论、人物、流派、方法等内容一直是经济思想史研究的主要领域。除了这些内容之外，本书认为，经济学史上的诸多事件也应该成为经济思想史这一学科关注的对象。正是这些事件将经济学理论的发展串联起来。而且，对事件的研究，有助于我们更深入地理解理论的发展。比如我们探讨的美国经济学的兴起、制度主义运动、考尔斯委员会和计量经济学的发展等事件，就串联了

20世纪50年代前的美国经济学。这些事件对理解制度主义的兴衰、理解正统经济学在美国的发展至关重要。本书的目的之二，是通过对这一时期美国经济学史的梳理，进一步倡导经济思想史事件研究。

近年来，科学哲学和科学社会学领域兴起的"科学知识社会学"（Sociology of Scientific Knowledge，简称SSK）引起了学界激烈的争论，在自然科学和社会科学诸学科中都得到了广泛的响应。遗憾的是，在国内的经济学研究中，尚难觅SSK的踪迹。SSK倡导的一些方法非常适合经济思想史研究，在国外经济思想史界也产生了一些引起广泛关注的成果。就本书的研究对象来说，SSK的一些方法可以用来解释这样一些问题：经济思想史主流文献中为何没有给予制度主义这一流派应有的地位？美国经济学的这一段历史为何被回避？新古典范式在美国经济学中取得的成功是否是经济学本身发展的自然结果？本书相信，将经济思想史事件研究与恰当的SSK方法联系起来，将会给经济思想史这一学科带来新的惊喜。本书的目的之三，就是尝试性地将SSK的一些方法运用到经济思想史研究中来，以期推动经济思想史研究进入一个新的领域。

为了实现以上目的，本书对研究对象的时间阶段作了划分，将20世纪50年代以前的美国经济学划分为三个阶段：美国经济学兴起阶段（从19世纪后半期到19世纪末、20世纪初）、美国经济学的多元时代（从20世纪初到第二次世界大战，主要是两次世界大战之间的20余年）、美国经济学的转变时期（20世纪40年代后）。在每一个阶段，本书都梳理了美国经济学的概貌，然后选取每个阶段代表性的事件进行研究，在此基础上，运用SSK的方法探讨一些重要的问题。

希望本书能够成功地讲述这个思想史故事。

目 录

第一篇 方 法

第1章 经济思想史事件研究的价值和方法

什么是经济思想史事件研究 …………………………………………003
 经济思想史研究对象的补充 ………………………………………004
 经济思想史事件研究的界定 ………………………………………005
经济思想史事件研究的方法 …………………………………………009
 科学知识社会学（SSK）简介 ……………………………………009
 可供经济思想史事件研究使用的 SSK 方法 ……………………012
 用 ANA 研究经济思想史事件的一个成功范例 …………………014
经济思想史事件研究的价值 …………………………………………015

第2章 科学知识社会学（SSK）综述

科学知识社会学的发展脉络 …………………………………………018
 思想渊源 ……………………………………………………………018

发　展···019
SSK 的认识论特征和方法论原则·······················020
SSK 的基本思想及发展现状····························021
　　爱丁堡学派的强纲领：SSK 想成为真正的科学···········021
　　拉图尔的行动者—网络分析（ANA）·····················023
　　马尔凯的话语分析····································027
小　结···029

第二篇　美国经济学的兴起

第3章　美国经济学的兴起：1865—1899年

前　史···034
氛　围···036
　　经济发展及其结果····································038
　　社会状况··040
　　学术界··041
奠　基···043
　　学术成果··044
　　学术平台··051
美国经济学的兴起：全貌、标志及其影响················055
　　全　貌··055
　　标　志··062
　　影　响··067
小　结···070

第4章 托尔斯坦·凡勃伦对正统经济学的批评

凡勃伦对正统经济学的批评 ·· 075
凡勃伦批评的当代有效性 ·· 079
西方正统经济学虚假繁荣的原因 ···································· 083

第5章 制度主义中的"康芒斯传统"

交易、业务规则和运行中的机构 ···································· 087
  交　易 ··· 088
  业务规则 ··· 091
  运行中的机构和制度 ·· 094
康芒斯的制度变迁理论 ··· 096
  制度的起源 ·· 097
  制度变迁 ··· 098
合理价值 ·· 101
是否存在一个"康芒斯传统" ·· 104

第三篇　美国经济学的多元时代

第6章 美国经济学的多元时代：表现与特征

多元时代的表现 ·· 113
  陶西格的古典经济学传统 ·· 113

克拉克的新古典经济学传统 …………………………………… 117
　　制度主义经济学 ………………………………………………… 120
多元时代的特征 …………………………………………………………… 129

第7章　制度主义运动：过程、影响和教训

制度主义运动的起源、主张和参与者 …………………………………… 133
　　制度主义运动的起源 …………………………………………… 133
　　制度主义的研究纲领 …………………………………………… 134
　　制度主义运动的大本营 ………………………………………… 137
制度主义运动的影响 ……………………………………………………… 143
　　对经济学的影响 ………………………………………………… 143
　　对政策的影响 …………………………………………………… 144
制度主义运动的结局和教训：SSK 的分析 ……………………………… 148
　　制度主义运动的衰落 …………………………………………… 148
　　教　训 …………………………………………………………… 150

第8章　制度主义者对"新政"的影响

"新政"的经济学氛围：制度主义运动 …………………………………… 155
制度主义者对"新政"的影响 …………………………………………… 156
　　制度主义者的计划观念 ………………………………………… 156
　　制度主义者个人对"新政"的影响 …………………………… 158
制度主义者的影响为何被忽视？ ………………………………………… 163

第四篇 美国经济学的转变

第 9 章 制度主义与新古典经济学的方法论之争

美国的方法论之争：历史回顾 …………………………………………167
 第一阶段：欧洲大陆方法论之争的翻版 ………………………………167
 第二阶段：制度主义对新古典经济学的批评和挑战 …………………169
 第三阶段：没有理论的度量，还是没有度量的理论？ ………………173
 方法论之争的背后 ………………………………………………………176
 对方法论之争的反思 ……………………………………………………180

第 10 章 考尔斯委员会与计量经济学的发展

计量经济学和考尔斯委员会的诞生：背景 …………………………………184
考尔斯委员会的历史 …………………………………………………………188
 科罗拉多时期 ……………………………………………………………188
 芝加哥大学时期 …………………………………………………………189
考尔斯委员会对计量经济学的贡献 …………………………………………192
 考尔斯方法 ………………………………………………………………192
 考尔斯方法的成果 ………………………………………………………195
考尔斯委员会的影响 …………………………………………………………197
附录：计量经济学学会首批会员 ……………………………………………199

第11章 20世纪40—50年代美国经济学的转变：制度主义的衰落和新古典霸权的确立

凯恩斯主义来到美国······201
计量经济学的兴起与正统经济学的"形式主义革命"······203
美国大学中经济学教育的转变······204
第二次世界大战与美国经济学的转变······206
欧洲的移民经济学家的影响······207
小　结······208

尾　声······211
参考文献······217

第一篇 方法

第1章

经济思想史事件研究的价值和方法

一段时期以来,曾经在中国经济学界处于重要地位的外国经济思想史研究日益衰落,这一方面表现在外国经济思想史研究成果日渐减少,为数不多的研究成果往往在重复前人的发现,鲜有创新。另一方面,当国外学界产生了新理论或者新的研究方法,我们的学者便开始从思想史的角度去探寻这些新理论、新方法的源泉。这种研究本无可厚非,但如果只满足于这样的研究,经济思想史这一学科很容易沦落为经济理论的配角,丧失其独立性,更谈不上通过思想史研究寻求理论的突破。外国经济思想史研究以及这一学科的衰落与学科的特点有不可分割的关系。经济思想史的研究范围限定在某一个时间界限内,随着时间的推移和研究的深入,研究素材必然会不断枯竭。但这不足以成为放弃经济思想史研究的理由。我们看到,国外经济学界在"经济思想史与方法论"(History of Economic Thought and Methodology)这一名称下开展的思想史研究不但没有衰落，反而有蓬勃发展之势。① 国外学界的经济思想史研究并没有因为素材的不断枯竭而减少，那是因为国外学者不断寻找思想史研究的新视角和新方法。

经济思想史研究的新视角，本书称之为经济思想史事件研究；20世纪70年代后兴起的科学知识社会学（Sociology of Scientific Knowledge，简称SSK）的某些方法，可以大大拓展经济思想史研究，从而为外国经济思想史这一学科开辟一个广阔的研究领域，这就是这里所说的新方法。

什么是经济思想史事件研究

按照中国的学科划分，"经济思想史"属于理论经济学这一经济学一级学科下的一个二级学科，下设"外国经济思想史"和"中国经济思想史"两个三级学科。与之密切联系的两个理论经济学二级学科是"西方经济学"和"经济史"。这三个学科之间的关系通常被界定为："经济思想史"② 研究的是经济理论的历史，或者历史上的经济学。"西方经济学"学科研究的是西方经济学基础理论和前沿理论。"经济史"则与历史学的研究范畴更为接近。这三个

---

① 国外对经济思想和方法论史的研究主要以下列三份期刊为理论阵地：《政治经济学评论》（Review of Political Economy）、《政治经济学史》（History of Political Economy）和《经济思想史杂志》（Journal of the History of Economic Thought）。近年来这两份期刊发表的论文影响越来越大。此外，经济思想和方法论史学会每年编辑出版一卷（一般为两部）《经济思想史和方法论研究》（Research in the History of Economic Thought and Methodology），刊载和评论这一领域的最新研究成果，同时也按国别收录西方各国学者对本国经济思想史的研究成果。值得注意的是，这一学科领域的多数权威都是从事经济学方法论研究的专家，而且很多人都属于非正统经济学的阵营。

② 为了简化论述，本书中的"经济思想史"指的都是"外国经济思想史"。

学科是密切联系、不可分割的:"经济思想史"是研究"西方经济学"的基础,"经济史"则是研究"西方经济学"得以产生和发展的历史背景和条件。但照此定位这三个学科,不可避免地会把"西方经济学"放在中心位置,其他两个学科成为陪衬,使得其他两个学科之势渐微。

学科之间本无主次、贵贱之分,但在"西方经济学"处于强势的学术环境中,"经济思想史"又难以取得突破,学科之间自然也就有了等级差别。经济思想史研究之所以日渐衰落,与国内过去对这一学科研究对象的界定(或者所强调的研究内容)不无干系。

经济思想史研究对象的补充

国内学界在研究经济思想史的时候强调的是经济学发展过程中的重要理论和重要人物,理论与人物相结合产生了对经济学的贡献或者突破。将理论和人物结合起来进行纵向研究,就能梳理学说或者学派的发展史;将理论和人物结合起来进行横向研究,就能弄清不同学派的差异,也能涵盖经济学的更宽范围。将纵向研究和横向研究相结合,整个经济学的历史便跃然纸上。同时,研究模式往往还会附带提到理论的历史背景,以及相关的方法和方法论问题,也可能谈到其他学科在某一历史阶段对经济学发展的影响。由于我们研究的是西方经济思想史,因而研究者往往会从马克思主义经济学的角度对所涉及的理论进行评论。这就是国内过去研究西方经济思想史的习惯做法。

理论和人物是经济思想史主要的、恒久的研究对象,也正是从这两个研究对象出发,参照国外学者的成果,我国学者建立了西方经济思想史(以及马克思主义经济思想史)的学科体系,并取得了丰硕的成果，其中的代表性文献之一是初版于 1965 年、鲁友章和李宗正主编的《经济学说史》（人民出版社）。经过修订，本书至今仍然作为许多高校外国经济思想史课程的教材和主要参考书，在培养经济学研究者方面做出了重要贡献。这些成果让经济学研究者了解经济学的发展史，加深对西方经济学理论的认识。同时通过西方经济学与马克思主义经济学的对比，完成了评判优劣的任务。但是，经过长期的研究，随着内容日臻完善，素材逐渐枯竭，以理论和人物为主线的经济思想史研究给后来者留下的空间已经很小了。在今天经济思想史研究日益边缘化的形势下，引入新的学科元素，才能让这一学科重现生机。

经济思想史研究的对象或者学科元素，除了理论和人物之外，还有方法和事件。

在过去的成果中，对思想史上的经济学方法（以及方法论）的研究并不鲜见，但多是以更为明确地阐述理论为目的。更重要的是，方法和方法论的研究难度很大，不仅要求研究者熟练掌握经济学理论，而且还要具备扎实的哲学基础，要熟悉其他相关学科的相关知识，同时对大多数人来说，方法研究也是一件枯燥的工作。换言之，即使认识到方法研究的重要性、对此有浓厚的兴趣，研究者的知识储备和能力也不一定能胜任这种工作。因此，我并不强调通过方法研究以取得经济思想史学科的突破。我推荐补充的经济思想史学科元素是经济思想史事件研究。

经济思想史事件研究的界定

经济思想史事件（event）是那些在经济学这一学科内部对经济学的发展进程产生过重要影响的事情。

经济学历史上的事件是一个非常宽泛的概念。一个理论的提出、一个流派的建立或者瓦解、一个重要经济学家的出现或者重要文献的出版（发表）、一种研究工具或者方法的形成等等，都是经济思想史上的事件。此外，相关学科的发展、社会环境的变化等也会对经济学产生影响，这些也属于经济思想史上的事件。鉴于此，必须对经济思想史事件研究作相对严格的限定。

首先，我将作为经济思想史学科元素的事件研究限定在经济学学科内部发生的事情。经济学、尤其是古典经济学与社会科学其他学科有着密切的联系，其他学科的发展往往会引发经济学理论和方法的变化。此外，特定时期的经济理论与当时的社会经济环境也是不可分割的。这些方面的研究也一直是经济思想史的内容之一，在马克思的《剩余价值学说史》和熊彼特的《经济分析史》中我们可以找到诸多典范。我们在这里把相关学科的发展和社会经济环境的变化视为经济思想史事件发生的背景和条件。过去的研究省略了这些背景和条件与经济理论的变化之间的一个环节。经济思想史事件研究的是背景和条件的变化使经济学界发生了什么事情，这些事情又如何影响了经济理论和经济学学科（当然，事件研究离不开这些背景和条件，但它们不是事件研究的主要对象）。比如，第二次世界大战以后，随着美国经济取得了全球支配地位，经济学研究的中心从英国转向了美国。传统的研究探讨的是美国经济地位的变化这一背景与美国成为经济学研究中心的表现，但却省略了在这个转变过程中美国原生的制度主义与外来的新古典经济学之间"触及灵魂的斗争"这一事件。正是在这种斗争中，新古典经济学得到巩固，美国随之确立了经济学研究的中心地位（Yonay, 1998）。在这场斗争这一大的事件下，还包括制度主义的兴衰、欧洲移民经济学家的影响、库普曼斯与米切尔之争、凯恩斯主义在美国的传播、考尔斯委员会（Cowles Commission）的成立等一系列小的事件（Morgan and Rutherford, 1998; Goodwin, 1998; Samuels, 1999）。通过对这些经济思想史事件的研究，我将在传统的背景—影响研究中增加一个中间环节，使经济思想史研究更加完整，而且能够更加深入地理解经济学为什么按照某一个方向发展。

其次，经济思想史事件研究更加关注经济学学科的发展，而不是经济学理论的发展。经济学理论是经济学的主体，但经济学这个学科并非只由理论构成。经济学理论的发展是经济学学科发展的主线，但经济学理论的发展并非总是连续的，从一个时期的理论向另一个时期的理论的过渡也不是自然的。正是经济思想史上的一系列事件将经济学理论的发展阶段串连起来，使其表现出连续性，从而也使经济学这一学科的发展史不至于断裂。经济思想史事件研究关注的正是经济学学科发展过程中的那些关节点。传统的经济思想史研究中并不缺乏这方面的内容。比如按照马克思主义的划分，古典经济学在李嘉图（英国）和西斯蒙第（法国）之后就完全转变为庸俗经济学。这个转变不是突然发生的，串连古典经济学和庸俗经济学的思想史事件就是"李嘉图学派的解体"。如果不研究这个事件，经济学学科史就会断裂。但是，如果按照目前流行的经济思想史教科书的阐述，经济学学科发展史上确实存在一些"断裂"：比如1848年约翰·穆勒完成经济理论的第一次综合，到1871年发生边际革命之间的20多年就是一个断裂，只有通过研究马克思主义经济学与资产阶级经济学之间的"斗争"这一事件才能填补这个裂隙；美国的新古典经济学从约翰·贝茨·克拉克（John Bates Clark）的独树一帜到第二次世界大战后的繁荣昌盛之间也有一个断裂，要将其填补就必须研究经济学在美国从多元时代向新古典霸权的转变这一事件。把研究重点放在经济理论发展上的经济思想史（history of economic thought）是经济学史（history of economics）的一个组成部分，我把经济思想史事件研究独立为经济学史的又一重要元素。

第三，经济思想史事件研究要综合思想史上的理论、人物和方法研究，但又与这三个学科元素有不同的视角。经济思想史研究的传统思路是：哪些人用什么方法提出了什么样的理论。经济思想史事件研究强调的是，那些人采用某些方法提出的各种理论通过什么事件塑造了经济学这一学科。因此，经济思想史事件研究要联系特定时期的人物、方法和理论，但它关心的是使某一理论结合到某一经济学体系中去的那些经济学学科内部的因素，关心的是哪些事件巩固了（由人物、方法和理论构成的）某一经济学体系的地位，哪些事件又使某一经济学体系被边缘化或者被抛弃。这一研究视角的一大好处在于，它可以让我们把研究的兴趣转向那些"失败"了的经济学体系，探讨它们为什么"失败"，它们的"失败"是否必然的或者自然的。（下文将指出，按照社会建构主义的观点来看，答案是否定的。）那些"成功"了的理论又是如何取得的成功？在"成功"后它们又如何巩固自己的地位，从而形成了今天占支配地位的经济学体系？如果不去研究经济思想史事件，这些问题就很难进入经济思想史这一学科的研究领域。

归结起来说，经济思想史事件研究具有如下性质：它是经济思想史这一学科的一个元素；它要结合传统的"经济思想史"和熊彼特界定的"经济分析史"的各元素进行研究，但有其相对独立的研究对象；它与经济理论史和熊彼特的"经济分析史"相结合，构成了相对完整的经济学史的研究内容。

经济思想史事件研究的方法

没有必要限定经济思想史事件研究的方法，但 20 世纪 70 年代兴起的"科学知识社会学"（SSK）、尤其是其中的社会建构主义（Social Constructionism）的某些方法有助于深化经济思想史事件研究，我在这里将其推荐为经济思想史事件研究的一种可供选择的恰当方法。

科学知识社会学（SSK）简介

这里先对 SSK 做一简单介绍，后文还将详细阐述其内容。SSK 包括了许多不太一致的观点和理论，但有以下两个共同点：第一，SSK 反对传统科学哲学忽略科学的社会方面，SSK 认为科学并非普适的、外在于社会的；第二，SSK 认为科学家的信念也是一种社会信念，应该按照解释其他社会信念相同的方法来解释。

SSK 脱胎于传统的科学社会学，得益于科学哲学的发展。[①] 一般认为马克思主义科学史学家和以罗伯特·K.默顿（Robert K. Merton）为代表的科学社会学是 SSK 的两个直接源泉（Hands, 1997）。1931 年，苏联科学家鲍里斯·赫森（Boris Hessen）在伦敦召开的国际科学技术史大会上提交了一篇论文，把牛顿的物理学成就视为适应资产阶级技术需要的产物。后来，马克思主义科学史学家约翰·伯纳尔（John Desmond Bernal）将 18、19 世纪的科学技术等同于工业化过程和资本积累过程，解释了现代科学为什么与工业

---

① 比如科学哲学中库恩的"范式"论，迪昂—蒯因多元决定论（Duhem-Quine underdetermination）等对 SSK 都产生了很大影响。

资本主义同时出现,为新的社会主义科学——满足人类的需要而不是服务于剥削力量和资本积累——的发展提供了理论基础(Hands, 1997),从而"跻身于探讨现代科学与工业和资本的相互交织关系的首批学者之列"(皮克林,1995,第271页)。SSK的另一直接源泉是"科学社会学之父"默顿。[①] 默顿采用规范、文化价值等社会学元素研究那些决定着科学的影响力、发展方向和科学面貌的外部因素,研究使科学成为一种独特的文化制度的因素,以及这些因素如何获得其合理性,并保持了科学的社会地位(默顿,1973)。

无论是马克思主义的科学史学家还是默顿的科学社会学,都没有质疑科学的客观有效性,都认为科学提供了关于客观世界的可靠知识,他们研究的只是使科学事业得以成功并保持其地位的特定文化环境。与此不同,SSK不仅质疑科学形式的普适性,而且认为科学的内容也是社会建构的,是社会过程的结果。自从20世纪70年代在英国爱丁堡大学兴起之后,SSK的发展非常迅猛。尽管这一学说异彩纷呈,我们还是可以大致将其划分为两个流派:"强纲领"(Strong Program)和社会建构主义。

爱丁堡学派的强纲领是SSK的起源和早期代表,其代表人物有巴里·巴恩斯(Barry Barnes)、大卫·布鲁尔(David Bloor)等。布鲁尔的《知识和社会意象》(*Knowledge and Social Imagery*, 1976)是这个学派的经典文献。巴恩斯(1974)和布鲁尔(1976)先后阐述了强纲领的四个方法论原则,这四个原则同时也定义了强纲领:因果性(causality),即寻求科学家的信念得以产生的因果条件;公平性(impartiality),认为正确的与错误的,或者合理的

---

① 在经济学界,默顿的名气远不及他的儿子:1997年诺贝尔经济学奖得主罗伯特·C.默顿。

与不合理的信念之间是公平的；对称性（symmetry），指的是同一个原因既要用来解释正确的信念，也要用来解释错误的信念；反身性（reflexivity），就是说科学社会学作为科学，同样要以上述三个原则来解释。这里的目的不是详细探讨强纲领的内容，因而选取与SSK后来的发展和经济思想史研究有关的一个内容进行介绍：强纲领以科学家的社会利益为基础来解释科学家的信念，这些利益则是基于并源于科学家在社会关系模式中的特定地位，这些利益说明了科学家为什么会持某种信念。

强纲领的这种相对主义观念受到了猛烈的批评。[①] 一定程度上是为了应对这些批评，产生了SSK的另一个学派——社会建构主义。社会建构主义的代表人物是哈里·M.科林斯（Harry M. Collins）、布鲁诺·拉图尔（Bruno Latour）等。汉兹（Hands, 1997）归纳了社会建构主义的六个特征：首先，与强纲领不同，社会建构主义的研究对象主要是科学实践而不是科学研究的方法和进路，尽量减少方法论上的或者纲领上的探讨；其次，社会建构主义关注的是实验室等具体的知识生产场所，进行微观研究；第三，它强调田野调查，没有严密的逻辑；第四，它的观点不固定，每个观点都可以协商；第五，社会建构主义认为自然在科学知识中几乎无效，在科学家看来要用科学去发现的世界，在社会建构主义者看来是"建构的"世界，科学家是"制造"知识，而不是"发现"知识；最后，社会建构主义把科学看作一种社会环境，人们在其中工作、相互影响和协商，并最终建立了科学知识的世界。

无论是爱丁堡学派的强纲领，还是社会建构主义，它们与传统的科学社会学的最大区别在于，传统科学社会学强调科学的形式和发展

[①] 对强纲领的批评的综述可参见胡杨（2003），另可参见Hands（1997）。

方向受到社会因素的影响，SSK 则认为，除了科学的形式和方向之外，科学的内容也是社会过程的结果。正因为 SSK 对科学神圣地位的颠覆，自它诞生之日起，就受到了来自各方面的猛烈批评。但 SSK 并未在这些批评中销声匿迹，经过不断修正和发展，反而成为科学社会学的一个重要领域，其研究方法逐渐扩展到社会科学的诸学科之中。[①]

可供经济思想史事件研究使用的 SSK 方法

SSK 对科学家信念的社会决定以及科学知识的社会建构性质的认识，在经济思想史以及经济学学科发展史中可以找到诸多例证。但如果仅仅是去寻找例证的话，经济思想史研究就变成了对 SSK 观点的证实，而不是 SSK 在经济思想史研究中的应用。要真正把 SSK 应用于经济思想史研究、尤其是经济思想史事件研究，还需要按照 SSK 的总体思路，借鉴其中具体的方法来进行。我认为社会建构主义的代表之一拉图尔所倡导的"行动者—网络分析"（Actor-Net Analysis，简称 ANA）就是一种恰当的方法。

拉图尔 ANA 的基本方法，是把科学视为人类行动者和非人类行动者相互作用的领域，二者的地位是平等的。按照强纲领的方法论原则，这是一种非常激进的"对称性"形式，也就是人类与非人类行动者之间是对称的。[②] 科学是这两类"行动者"（非人类的实体也有行动能力）相互作用的产物。这两类"行动者"相互依赖、相互沟通。

那么，这两类"行动者"是如何建构科学的呢？拉图尔认为科

---

① SSK 在经济学中的应用并不普遍。汉兹（Hands, 1997）列举了 1997 年以前经济学应用 SSK 进行分析的文献。下面我将谈到 1997 年以后经济学应用 SSK 的两个成功范例。

② 从这个意义上来说，拉图尔的 ANA 是对社会建构主义的"自然无效"观的修正，他既保留了知识生产中社会和人的作用，也保留了自然的作用。

学家是在一种知识体系内提高自己的贡献。他们把自己放在一种已经被承认并接受为真实的、准确的、有用的科学理论和科学事实之中，将其作为自己的信念。拉图尔把这种知识称为一个"黑箱"，也就是那些被当作其他理论的基础而使用的科学理论。由于同时还存在其他相竞争的信念，科学家必须巩固自己的贡献，进行"实力实验"（trials of strength）。在实验中，科学家宣称自己的发现的有效性，以及他们的研究的有用性，据此对抗竞争者的挑战。但在实验得出结论之前，没有人知道什么是"真实"，因此科学家就要尽力让人们相信自己。他们要组成许多"同盟"，在巩固自己的贡献的同时也使其更具有防御性。在这些同盟中就包括了人类行动者和非人类的"行动者"：事实、人物、经费、方法论原则、理论、工具、机制、实践、组织等等。所有这些行动者构成了一个网络，它支持并认可其中的每一个元素。这个网络越大，或者说将新的元素与网络结合起来的能力越强，科学家的实力实验成功的可能性就越大。一个网络的吸纳能力越强，甚至将竞争性网络中的元素吸纳为自己的元素，那么这个网络以及它所坚持的信念就会得到越好的维护，越有可能击败竞争者而成为主导性的知识（拉图尔，1987）。

概括起来说，科学并非一个纯粹的理智过程，科学并非仅仅面对自然本身，科学家的任务也并非仅仅去"发现"存在于自然中的事实。传统科学观把自然看成被动的待发现者，没有行动能力。而拉图尔则把自然、社会、科学家自己统一到一个对科学知识产生影响的整体中。举例来说，传统科学观是这样来理解科学进入社会的过程：一个天才科学家提出了一个杰出理论，该理论以不可抗拒的力量在社会中蔓延，迫使成千上万的人相信、追随这个理论。拉图尔的观点则认为，早在这个理论提出以前，成千上万的人就已经通过这个科学家建造的网络（兴趣—利益同盟）而被卷入其中了。由于人们已经具备了对随后产生的研究的兴趣，一旦该研究产生一个理论，它自然就会横扫社会。

用 ANA 研究经济思想史事件的一个成功范例

1998年，以色列人尤沃·约纳伊（Yuval P. Yonay）出版了一本著作，题为《触及经济学灵魂的斗争：两次世界大战之间美国的制度主义经济学家和新古典经济学家》（*The Struggle over the Soul of Economics: Institutionalist and Neoclassical Economists in America between the Wars*）。这本书采用 ANA 分析了曾经在美国经济学界处于相对支配地位的制度主义经济学的衰落，以及新古典经济学霸权地位的确立这一思想史事件。

目前经济学界的普遍看法是，制度主义的衰落是自然的、正常的，甚至必然的，因为制度主义没有"理论"，不"科学"，而新古典经济学是一种更"好"的经济学。但约纳伊认为，制度主义和新古典经济学各自在自己的黑箱内开展实力实验，相互竞争。双方就科学的含义、经济学的范围等问题持对立的看法。新古典经济学之所以在竞争中取得成功，击败了制度主义，主要是因为新古典经济学家建立的网络更为强大。他们成功地"破坏对手的网络而指出对手黑箱的缺陷"（Yonay, 1998, 第115页）。新古典经济学家根据自己规定的"科学"的标准来判断制度主义是不科学的；根据用最适合自己网络的内容限定了的经济学的范围来断定制度主义不是真正的经济学；根据自己定义的"理论"来诋毁制度主义没有理论。在破坏制度主义的网络的同时，新古典经济学家通过"让他们的贡献看起来像是历史的自然发展而建构了他们的历史。……根据他们自己的说法来解释过去的故事,以证明自己的工作的正确性"(Yonay,1998,第163页)。"胜利的范式总是修改它们的领域的历史"(Yonay,1998,第49页)。正是通过这样的建构过程,今天的经济学家相信了新古典经济学的发展是历史的必然,相信了制度主义就应该被淘汰。

根据SSK的"对称性"原则,应该同等地对待历史上取得了"成功"的学说和"失败"了的学说。但今天的经济思想史研究却不是这样。通过将SSK应用于经济思想史事件研究,约纳伊还原了思想史的真实,一方面可能会让人们对新古典经济学产生怀疑,另一方面使对经济学这一学科发展过程的研究更为完整。约纳伊的著作出版后,经济思想史和方法论学会专门编辑了《政治经济学史》杂志的一期增刊,探讨两次世界大战之间经济学在美国的转变。不同学派的经济学家们分别从社会福音运动的影响(Bateman, 1998)、对经济学研究的资助(Goodwin, 1998)、经济学期刊的变化(Backhouse, 1998)、经济学家对待反托拉斯法的态度(Mayhew, 1998)、新古典需求理论在战后得到的巩固(Mirowski and Hands, 1998)、美国的国民经济计划(Balisciano, 1998)等角度支持了约纳伊的结论,这些研究本身也大大拓展了经济思想史研究的领域。

经济思想史事件研究的价值

经济思想史事件研究并不是一个全新的领域,这种提法可能也不恰当。但我在这里将其独立为经济思想史的一个学科元素,目的在于借此拓展经济思想史的研究范围,为这一学科摆脱困境(当然,首先要承认这一学科处于困境之中)提供一个新的视角。通过分析思想史事件,至少可以使经济思想史研究做到:(1)将传统研究中隔离的理论、人物和方法联系起来;(2)将"学说史"拓展为"学科史"研究;(3)填补经济学发展史上的断层。

以上三个方面已经能够延伸经济思想史的研究领域,如果再辅之以恰当的方法,比如 SSK 方法,这种研究还可能走得更远。首先,如果通过事件研究能明确一种学说或者范式的建构性质,会有助于消除对它的迷信。其次,同等对待成功的和失败的学说这种态度对思想史研究来说尤为重要,它可以避免把思想史当作某个"网络"的一个构成元素。再者,运用 SSK 开展的事件研究会让我们发现许多被忽略或者尚未得到充分研究的人物、理论、方法和学派,这又是对经济思想史研究内容的充实。

尽管 SSK 不失为经济思想史事件研究的一种恰当方法,但运用这种方法的时候有一点需要特别注意:SSK 不是研究历史的一般方法,它只适用于包含了知识的制造或者生产的历史时期。换言之,SSK 并不是万应药,它本身就是一个处于发展过程中、尚未成熟的学科,有它特定的适用范围,而且对它的运用不能脱离经济思想史的传统方法和元素。但我相信,"SSK 对于特定的思想史主题是一种非常有用的方法。……这是一个激动人心的、重要的领域,但还有大量的工作要做"(Hands,1997)。

第 2 章

科学知识社会学（SSK）综述

作为本书倡导的研究经济思想史事件的恰当方法，SSK 并不为经济学界所熟悉，因此有必要对其做一详细介绍。

20 世纪 70 年代初，英国爱丁堡大学成立了一个比系级建制略低的单位"科学元勘小组"（Science Studies Unit），成员主要包括巴恩斯、布鲁尔、斯蒂芬·沙宾（Steven Shpin）和皮克林等。"科学元勘"是指把科学本身作为学术考察的对象进行研究，主要包括科学哲学、科学史、科学社会学和科学文化批判等。该小组的研究产生了一批令人耳目一新的成果，既引起学界的赞赏，也引起学界的愤怒声讨。他们的研究总体上属于科学的社会学研究，他们自称其为"科学知识社会学"（Sociology of Scientific Knowledge，SSK）。之后，其影响逐渐扩展至其他国家，众多学者加入到该理论思想的研究和发展中，使之成为科学社会学研究的重要领域。

科学知识社会学的发展脉络

思想渊源

SSK 的思想渊源最早可追溯到 19 世纪德国图根宾学派的"教会编史学",该学派主张应该对正统的思想和非正统的思想都给予中肯的对待(刘华杰,2005)。这可以视为 SSK"对称性"原则的渊源。

SSK 的第二个渊源是卡尔·曼海姆(Karl Mannheim)的知识社会学以及马克思主义的社会学。社会境况决定论是曼海姆知识社会学的中心思想。在曼海姆看来,思想或知识表面上是从思想家个人头脑中产生的,而实际上,它们终究是由思想家所处的各种社会环境、社会状况决定的。因此知识社会学必须致力于探讨"思想的社会决定"或"知识的社会决定"(曼海姆,2000,2003)。由于这一观点与马克思的"社会存在决定社会意识"的原理相类似,故被并称为"马克思—曼海姆观点"。也正因此,马克思主义科学社会学家的观点也成为 SSK 的源泉。1931 年,苏联科学家赫森在提交国际科学技术史大会的一篇论文中,把牛顿的物理学成就视为适应资产阶级技术需要的产物。后来,马克思主义科学史学家约翰·伯纳尔将 18、19 世纪的科学技术等同于工业化过程和资本积累过程,解释了现代科学为什么与工业资本主义同时出现,为新的社会主义科学——满足人类的需要而不是服务于剥削力量和资本积累——的发展提供了理论基础(Hands, 1997)。

严格地说,SSK 的直接源泉是默顿的科学社会学。默顿的《十七世纪英格兰的科学、技术与社会》奠定了科学社会学的基础。这本书主要有两方面的内容，即科学的体制化气质和科学的社会组织运行。默顿认为，科学体制具有特定的目标和规范，并由此启用了一套认定科学家角色的奖励系统，而这种奖励是由科学交流维系的科学共同体来分配的。但是，默顿认为，科学知识的内容由自然界决定而与社会因素无关。科学知识的认识内容是一个"黑箱"，他把这个"黑箱"置于当时的社会—文化氛围中进行研究，但并不想揭示此黑箱中的要素及内部结构，而是侧重于从社会功能分析的角度探讨科学与社会之间的互动关系，并没有意识到要将科学内容当作社会学的研究对象（默顿，1938）。

此外，涂尔干（Emile Durkheim）的社会学、库恩（Thomas Kuhn）的科学哲学和维特根斯坦（Ludwig Wittgenstein）晚期的哲学思想，对SSK都有所影响。比如维特根斯坦对自然科学知识享有免于社会学研究的特权提出异议，认为科学也有其限度，也应该被视为一种文化现象，并进一步提出知识就其本性而言是社会的。可以说，维特根斯坦为科学知识的社会学研究奠定了认识论的基础（刘华杰，2002；马来平，2002）。

发　展

在20世纪70年代，SSK的概念框架和研究人员分布都很清楚，公认在英国有两个中心，一个是爱丁堡，另一个是巴斯（Bath）。爱丁堡学派有广义和狭义之分，广义的理解把巴斯包括在内。狭义的爱丁堡学派以宏观方法见长，努力追踪经典社会变量与相关群体的知识内容之间的因果联系。巴斯学派以柯林斯为主帅，以微观方法见长。

在20世纪70年代末甚至80年代初以前，SSK最重要的研究中心就是爱丁堡和巴斯。但是，到了 70 年代末，英国以外的学者也开始了深入的研究工作，新的研究方法和流派不断涌现。它们与 SSK 的思路和方法有部分的重叠，丰富了 SSK 的内容，促进了 SSK 的发展。法国的拉图尔就是其中的重要代表人物之一。他深受 SSK 的启发，于 20 世纪 70 年代到美国进行一项调查，主要任务是把科学家当作动物一样进行观察，观察结果写成一本名为《实验室生活》的经典著作，该书奠定了巴黎学派的基础。

此外，SSK 在美国也得到了巨大发展。在这里，SSK 成为科学社会学研究的正统。主要代表人物有从英国去美国的沙宾、皮克林等。

SSK 的认识论特征和方法论原则

SSK 在认识论上具有相对主义的倾向，因为它把科学与宗教、迷信、巫术等其他的文化都看成一种信念系统，认为它们都差不多，没有哪个正确之分。但 SSK 的相对主义又具有一定新意，主要体现在它反对绝对主义，即反对绝对的划界。从这个角度来看，SSK 的相对主义除具有认识论意义外，还有超出认识论的一些人文、政治和道德方面的意义。它认为科学与其他文化是处于同一个层次上的，科学并非高高在上，科学并非对一切事物都有绝对的解释权威。SSK 特别强调，它反对的只是科学至上的极端主义观点，而非科学知识和科学结论本身。

SSK 在方法论上有两个信条，即自然主义原则和陌生人原则，其中，自然主义是陌生人原则的先行和基础。这两条原则贯穿了科学知识社会学的整个研究过程，是其分析思路中不可或缺的一环。

自然主义也可以理解为经验主义。科林斯的经验相对主义纲领就是要对具有相对性的科学知识展开经验主义的研究。这种方法认为传统科学哲学仅仅关注"辩护的范围",而不关注科学研究和科学发现的真实过程,因此也就无法发现科学知识的真相。自然主义方法就是要将科学视为一种自然现象,它与人类面对的其他自然现象是平等的,在本质上也无区别。因此,研究者完全可以深入其内部,从社会学的角度对科学内容,包括科学实验、实践过程中的复杂关系和科学争论等,进行自然主义的研究。

陌生人原则就是不带任何先入之见地深入到科学研究的第一现场,这样可以观察到实验室中真实发生的可以理解的事情,同时又不被科学家的科学偏见所左右,相对独立于观察对象来提出自己对科学事件的说明(刘鹏,2005)。

SSK 的基本思想及发展现状

爱丁堡学派的强纲领:SSK 想成为真正的科学

布鲁尔在《知识与社会意象》中提出著名的 SSK"强纲领",其动机是使科学的社会学研究成为标准的经验科学,即类似自然科学的研究。

布鲁尔等人认为,对于社会学家而言,人们认为什么是知识,什么就是知识,这与通常把知识定义为"真实的信念"不同。在他们看来,知识是由人们坚持的信念组成的,但也应将知识与纯粹的信念区别开来。知识是那些得到集体认可的信念,而信念具有个人特征。在传统哲学中,知识被当作经过证明的正确信念。对 SSK 实践者而言,真理仅仅被认定为局部可信的知识。在传统哲学中,知识和真理都不是描述性的而是规范性的概念。SSK 仅仅描述和解释人们实际上相信什么,而不是阐明人们应该相信的事物的结构(布鲁尔,1976)。

强纲领由四个信条组成:第一是因果性(causality),即寻求科学家的信念得以产生的因果条件;第二是公平性(impartiality),即认为正确的与错误的,或者合理的与不合理的信念之间是公平的;第三是对称性(symmetry),指的是同一个原因既要用来解释正确的信念,也要用来解释错误的信念;第四是反身性(reflexivity),就是说科学社会学作为科学,同样要以上述三个原则来解释。

在这四个信条中,布鲁尔首先强调了寻求因果性的重要性,这未引起太多争论。但是在怎样寻找因果解释中就遇上关键的中间两条:公平性和对称性,这两条是许多理性主义者无法接受的。强纲领要求公平且对称地对待合理性和非理性,这与科学哲学家和传统社会学家的观念相去甚远。科学哲学家拉里·劳丹(Larry Laudan)认为,当且仅当在某些信念难以就其理性优点加以解释时,知识社会学才可以着手解释它们。思想史家可以利用已有的工具去解释充分合理的那部分思想史,而对科学的外部关系及理论选择中的偶然性等非理性状况,才轮到知识社会学家插手。哲学家 W. H. 牛顿-史密斯(W. H. Newton-Smith)则指出,社会学只是用于反常现象,当且仅当出现背离合理性的反常状况时才需要社会学(胡杨,2003)。

面对理性主义者的批评,布鲁尔进行了反击。他将 SSK 强纲领与图宾根学派教会编史工作进行了比较,认为今日科学领域的"理性主义者"与昔日教会史中的"超自然主义者"的观点十分类似。图根宾学派反对当时正统的基督教编史学的老范式"超自然主义"。

超自然主义者将教义史分成两部分，其中一部分是对正宗使徒真理的记录，另一部分是对异教和教义偏差的记录。对这两部分要求不同的处理方式，前者来自神启，除了神意之外不需要任何解释；对于后者，则要寻找导致信仰失落和教徒迷路的原因，此时他们找出的原因为野心、贪婪、无知、迷信和邪恶。布鲁尔认为，超自然主义者背后的假设与今日理性主义科学编史背后的假设完全类似。理性主义者也将科学史分成两部分，一部分是理性的内在史，对应于使徒正传，另一部分是非理性的外在史，对应于异教和偏差（王阳，2004）。

拉图尔的行动者—网络分析（ANA）

1979 年，拉图尔和斯蒂夫·伍尔加（Steve Woolgar）出版了著名的《实验室生活：科学事实的社会建构》。全书采用人种志研究方法对美国西海岸著名的梢克（Salk）研究所进行了两年的研究，突破了经典 SSK 的模式。在 20 世纪 80 年代中期，拉图尔与同事米歇尔·卡龙（Michel Callon）合作倡导"行动者—网络分析"（Actor-Net Analysis），自此 SSK 的"巴黎学派"正式形成。之后，拉图尔连续出版了《科学在行动》、《我们从未现代过》等著作，这些书影响巨大，势头已超过爱丁堡学派。

巴黎学派形成之后，其学者竭力想与英国学者划清界限，而爱丁堡学派和巴斯学派也指责拉图尔等违背了 SSK 的基本纲领。一方面，SSK 中频繁出现拉图尔的名字；另一方面，SSK 的核心人物布鲁尔和柯林斯猛烈抨击拉图尔，称他的思想为一种"倒退"。拉图尔的理论之所以存在争议，主要是因为他与 SSK 间存在继承与超越的关系。

在《实验室生活》一书中，拉图尔和伍尔加以布鲁尔的强纲领为理论指导，对科学知识的生产进行一种微观研究，论述了科学知识在实验室被建构出来的过程。从该书的基本观点来看，拉图尔和伍尔加与布鲁尔的观点是一致的，他们公开信奉 SSK 的强纲领。但是，在 1986 年《实验室生活》第二版出版时，拉图尔和伍尔加将此书的副标题有意进行了改动，删除了"社会"两字，变成《实验室生活：科学事实的建构过程》，将工作重心转向用人类学方法对科学事实进行描述和解释（拉图尔、伍尔加，1986）。1992 年，拉图尔撰写了《社会转向之后的进一步转向》（One More Turn after the Social Turn）一文，公开提出要抛弃布鲁尔的强纲领，指责强纲领的对称性原则实际上是根本的不对称，并提出了新的对称性原则——广义对称原则（general symmetry principle）。

拉图尔指出，在实证主义者那里，自然界被设定为知识和现象背后确定无疑的最终依据，一切问题都可以诉诸自然从而获得最终的解释和说明，包括社会，这是一种"自然实在论"。而在布鲁尔的强纲领中，作为核心内容的对称性原则，实际上是用社会来解释一切，包括自然，这是一种"社会实在论"。所以，两者事实上都是持一种非对称立场，只不过出发点不同而已。拉图尔将以上两种研究进路称为"单向度的科学"。他认为，要继续科学知识领域的研究工作，必须抛弃这种研究框架，建立另外的解释标准。为此，拉图尔提出了广义对称性原则，力图对称地看待自然和社会的作用。他用既非自然（客体）、也非社会（主体）、也非主客体的混合的第三种实体来同时解释自然和社会，称之为"准客体"或杂交物。因此，自然和社会之间的区分不是确定无疑的，科学在改变我们的观点的同时，也在制造和再制造自然和社会（王阳，2003；Latour，

1999）。

在拉图尔的思想中，行动者—网络的含义就是异质行动者建立网络、发展网络以解决特定问题的过程，它是一个动态的过程而不是一个静态的概念。行动者是指在科学知识的建构过程中所有起作用的因素。一个行动者能在自己的周围构建一个网络，使其他要素依赖着自己，并将其兴趣转移进自己的网络中。

一个行动者—网络的建立需要以下过程：首先，确定一个脚本，告诉别人要建立一个什么样的网络，通过脚本吸引其他人的目光；然后，对所要建立的网络进行问题界定，确定特定的知识主张和目标，使其他行动者接受其对问题的界定；之后是招募成员，就是通过手段使其他人或存在物进入网络中。招募成员需要两部分工作，第一步是吸收他们的参与，从而使他们加入事实的建构；第二步是控制他们的行为，以便使他们的行为可以预测。实现招募的第一步目标的首要前提是兴趣激发。兴趣是处于行动者和其目标之间的东西，因而它产生了一种张力，使得行动者在大量可能性中只选择在他们自己看来有助于他们达到这些目标的东西。"兴趣激发"意味着强化其他行动者在问题界定过程中界定的角色，其最终结果就是被招募为成员。招募成员的另一半工作是使被吸引的群体保持一致，控制他们的行为，以便使他们的行为可以预测，为这个网络所界定的问题服务。这是通过简化和并置来完成的。简化就是使被招募进这个网络中的行动者只对这个网络中所界定的问题服务，抛弃其他杂念。并置就是将网络中的所有元素系统地整合在一起，无论人类的还是非人的行动者，都将变成网络中的一个链条，从而形成一个持久的整体（拉图尔，1987）。

通过以上过程，最终结果就是形成了一个有特定的目的、动态的行动者网络。由于网络中的行动者是广义的,既可以指人类,也可以指非人的存在和力量,所以,这个网络又被称为异质型工程。

行动者—网络分析的实质在于,通过把科学研究的制造场地——实验室——与广泛的社会背景联系起来,打破传统的人与非人、自然与社会二元对立的形而上学的思维方式,力图沟通科学知识的微观研究与科学文化的宏观社会体制。

拉图尔行动者—网络理论的核心概念有两个,其中之一是"行动者"。他提出代言人和代理者的概念,用以说明非人的行动者是如何表达自己的意愿的。拉图尔曾论述到,人和物之间原则上没有太多的区别,他们都需要有人替他们说话。从代言人的角度看,他代表人和代表物没什么两样,代言人在这两种场合都替不能说话的人或物如实说话。而研究者必须与研究对象进行"磋商",才能取得该对象的"代言人"的资格。用通俗的话来说,就是科学研究者通过对物的研究,掌握事物运行的本质,然后表述出来。但是,在这一过程中,研究者和研究对象是处于平等地位的。

另一核心概念是"网络"。网络就是资源集中的某些地方。拉图尔启用网络这个概念的主要目的就是将人类行动者和非人类行动者以同等的身份并入其中,以避免传统社会学和哲学关于自然和社会、主观和客观之间的二元对立的划分。行动者—网络分析承担着双重解构的任务,即不仅要解构传统科学社会学和科学哲学中"自然"在解释科学中的合理性地位,同时也要解构科学知识社会学中"社会"在解释科学中的优先合法性的地位。

拉图尔认为,不论是自然实在论还是社会实在论都是片面的。前者从客体的存在出发来解释为何人类对它们达成共识,而后者以社会坚固基础来描述为何我们会共同承认事实。如同用自然科学来解释社会科学一样，如果通过社会科学来解释自然科学，将一无所获。在这两者之间，丝毫不存在任何差别，应该用同一种方法对它们进行研究，它们中的任何一方都不比另一方更可信，也都不能在构造的网络之外被赋予神秘的力量。

由此可以看出，在拉图尔的思想中，自然和社会不存在根本的对立，相反，它们完全是一体的，它们都是网络中的元素，在网络中相互运动，彼此共生。

拉图尔的行动者—网络分析具有独特的研究视角和新颖的研究方法。拉图尔借鉴了人类学家的方法，以观察者的身份进入到科学家活动的场所，不仅追踪科学事实在实验室中的微观构造，而且还追踪科学家在所谓实验室外部的活动，详细观察科学家共同体生产知识的过程。此外，它的研究对象也是独特的。与其他科学知识社会学家一样，拉图尔也在研究科学知识是如何产生和发展的这一问题。所不同的是，拉图尔在他的行动者—网络分析纲领指导下，没有将研究内容仅仅停留在静态的理论分析和事后分析上，指出应当观察"正在形成的科学"，而不是"已经形成的科学"。

马尔凯的话语分析

无论是爱丁堡学派的强纲领还是拉图尔的行动者—网络分析，其实质都是建构主义。他们的主要成果可概括为如下两个方面：第一，主张相对主义认识论。建构主义者都采取了相对主义的立场，他们认为科学知识跟其他知识有同等的认识论地位。科学知识并无特殊之处。第二，强调科学知识的社会构成性。建构主义者认为，自然科学的认识内容只能被看成是社会过程的结果，并受社会因素的影响。因此，通过建构主义者的研究，他们打开了"黑箱"，使人们认识到了科学知识的社会构成性，认识到了科学家主体的地位及其活动的社会背景。但是，他们只是确定了科学知识是社会建构的产物，而对这种建构的具体过程及其话语表达机制等问题，并未有进一步的解释。正是在这一背景下，迈克尔·马尔凯（Michael Mulkay）等提出了话语分析（Discourse Analysis, DA），从而开辟了科学知识社会学研究的一个新方向。

马尔凯通过对科学哲学和科学社会学中常见的关于科学和科学家的分析得出的结论是，无论引证数据还是定性资料都不能用来对行动或信念的特征做恰当的说明。最终他选择抛弃传统的描述和解释方法，取而代之的是尝试描绘参与者建构他们的社会行动版本时所使用的反复出现的话语形式；不再关注行动本身，而是关注科学家自己使用的用来为自己和他人的行动提供解释和理解的方法。这就是话语分析。他发现，这种分析形式有很多优点。第一，人们不再试图用可观察的证据来解释不可观察的事物，如过去的行动或人们头脑中的思想。相反，人们关心解释给定的文献或谈话记录。第二，当人们不再试图弄清楚到底发生什么时，所有在定性分析中出现的不同说法的矛盾就不再显得特别棘手。从字面上看完全矛盾的材料，却能清楚地揭示一个大量的反复出现的解释模式——如对错误的不对称解释模式。最后，这种对错误的解释方式有助于我们开始理解我们自己学术文献的结构（马尔凯，1979；林聚任，2007）。

马尔凯指出，话语分析区别于以前的科学社会学分析的核心特征是：把科学活动参与者的话语当作分析的对象，而不是当作分析的资源。即，话语分析假定，参与者的话语太易变，也太依赖于他所产生的脉络背景，故不宜不加辨别地轻信。因此，话语分析者放弃了用科学家的话语去揭示科学是什么这一目标，而是关心参与者以及传统的分析者所用的解释方法，从而以不同的方式说明科学行动和信念。话语分析者所关心的是在方法论上优先的这样一个基本问题：科学家（及分析者）对行动和信念的解释是如何由社会因素产生的？因此，话语分析并不回答关于科学行动和信念的性质这类传统的问题，而是去具体描述科学家所用的体现在其话语中的解释活动；去说明这些解释程序如何因不同的社会语境脉络而变化，进一步揭示关于科学的第二手分析性文献，如何产生于科学文化的话语实践，又如何受其制约（林聚任，2007）。

20世纪80年代中期以来，马尔凯的社会学研究又有了新的发展。他在话语分析的基础上，提出了所谓的"新文本形式"（new literary forms）或"新分析语言"。在1985年出版的《词语与世界：社会学分析形式的探讨》中，他认为我们需要用新的词汇去对社会生活做出描述。他提出社会学的最终任务，并不在于中立地报道客观社会世界的事实，而是应该积极地参与社会之中，以创造新的社会生活方式（马尔凯，1985）。

小 结

从上文的论述可以看出，SSK没有形成一个统一的理论体系，是一个由很多学者提出的思想的综合体。上文选取了SSK发展过程中三个较为著名的理论进行阐述，即由爱丁堡学派提出的强纲领、由拉图尔等人提出并发展的行动者—网络分析，以及由马尔凯等人提出的话语分析。这些思想可以作为SSK的理论主体，但并不是SSK理论体系的全部。

SSK产生了巨大的影响，尽管对其批判的声音也很多，但是，很多理论家或机构在阐述自己的观点时，又不自觉地引用了SSK的理论观点。刘华杰（2004）列举了这样几个佐证：一个证据是1989年美国的"2061计划"列出了几本书，其中一本叫做《面向全体美国人的科学》，已经成为美国人科学教育的标准。这本书中关于科学的本性、科学在社会中的运作的观点，跟SSK的观点几乎没有差别。第二个证据是1995年，美国的科学院、工程院和卫生研究院这三大机构出版了一个手册，相当于科学界内部的一个行为规则，其中有一章专门讲科学的社会基础和科学的社会机制，说科学知识和科学成果必须要被科学共同体认可才能算数。这个观点跟SSK几乎是一样的，但它得到了美国三大院的高度认可。第三个证据是联合国教科文组织1999年在布达佩斯举办了一次"世界科学大会"，大会有一个重要宣言，叫做《科学以及对科学知识的利用》。这份报告有两个附件，其中人量提到了科学知识的社会属性、科学家的外部行为规范等，这跟SSK也非常相近。第四个证据是英国上议院2000年签署过一个叫做《科学与社会》的报告，这个报告是为了响应1985年英国皇家学会颁布的《公众理解科学》报告，这里也吸收了大量SSK的观点。

作为对科学知识的社会研究的一种思潮，经济学研究自然也免不了SSK的分析。但遗憾的是，目前用SSK对经济学进行探讨的文献还很鲜见。借用SSK的方法拓展经济学、尤其是经济思想史的研究，将是一个崭新的领域。

第二篇

美国经济学的兴起

美国早期经济学谱系

```
                                    ┌─────────────────────┐
                                    │  美国经济学的多元时代  │
                                    └──────────△──────────┘
                                               │
          ┌──────────────────┐    ┌────────────────────┐    ┌──────────────┐
          │ 纯边际主义者：    │    │ 新古典经济学        │    │ 美国制度主义  │
          │ 费雪             │    │ 古典经济学          │    │              │
          │ 费特             │    │ 达文波特            │    │              │
          └──────────────────┘    └──────────△─────────┘    └──────△───────┘
                                             │                     │
                                  ┌──────────────────┐   ┌──────────────────┐
                                  │ 西蒙・纽科姆・克拉克 │   │ 理查德・伊利      │
                                  │ 约翰・贝茨・邓巴   │   │ 亨利・亚当斯      │
                                  │ 查尔斯・萨姆纳    │   │ 西蒙・帕滕        │
                                  │ 威廉・劳克利      │   │ 埃德温・塞利格曼  │
              ┌──────────┐        │ 詹姆斯・哈德利    │   │                  │
              │ 美国现实  │───────▷│ 阿瑟・陶西格      │   │                  │
              └──────────┘        │ 弗兰克・卡弗      │   │                  │           ┌──────────────┐
                                  │ 托马斯           │   │                  │◁─────────│ 美国经济学会  │
                                  └──────────────────┘   └──────────────────┘           └──────△───────┘
                                          △                      △                             ┆
                                      ┌───────┐              ┌───────┐                          ┆
                                      │ 辩护者 │              │ 反对者 │         ┌──────────┐    ┆
                                      └───△───┘              └───△───┘         │ 美国现实  │    ┆
                                          │                      │             └──────────┘    ┆
  ┌──────────────┐                        │                      │                             ┆
  │本杰明・富兰克林│─────┐                  │                      │                             ┆
  └──────────────┘     │                  │                      │                             ┆
                       │  ┌──────────┐    │                      │                             ┆
                       ├─▷│亨利・乔治 │    │                      │                             ┆
  ┌──────────────┐     │  └──────────┘    │                      │                             ┆
  │丹尼尔・雷蒙德  │─────┘                  │                      │                             ┆
  └──────────────┘                        │                      │                             ┆
                                          │                      │                             ┆
  ┌──────────────┐                        │                      │                             ┆
  │亨利・凯里     │─────┐                  │                      │                             ┆
  └──────────────┘     │  ┌───────────────┐                      │                             ┆
                       ├─▷│弗朗西斯・沃克  │                      │                             ┆
  ┌──────────────┐     │  └───────────────┘                      │                             ┆
  │英法古典经济学  │─────┘──────────────────┘                      │                             ┆
  └──────────────┘                                                │                             ┆
                                                                  │                             ┆
  ┌──────────────┐                                                │                             ┆
  │德国历史学派   │────────────────────────────────────────────────┘┄┄┄┄┄┄┄┄┄┄┄┄┄┄┄┄┄┄┄┄┄┄┄┄┄┄┄┄┄┘
  └──────────────┘

┌──────────┐
│美国经济学 │
│的源头    │
└──────────┘
```

第 3 章

美国经济学的兴起：1865—1899 年

在经济思想史上，以英、法为代表的欧洲人长期在西方正统经济学中占据着统治地位，直到第二次世界大战以后，西方正统经济学的大本营才转移到美国，美国人在经济学界也取得了支配地位，直到今天。西方正统经济学研究中心的转移并非突然发生的。美国内战结束后，它的经济学研究逐渐开始繁荣。经过 19 世纪剩下的 30 多年时间的积累，到 19 世纪末 20 世纪初，美国的经济学家的杰出代表获得了国际性的声誉，美国经济学界也做好了迎接经济学研究中心转移的准备。

第二次世界大战前经济学在美国的发展经历了三个阶段。从美国内战后到 19 世纪末是美国经济学积蓄力量的时期。从 20 世纪初到 30 年代，美国经济学经历了一个"多元时代"。20 世纪 40 年代以后，正统的新古典范式一统天下，不久以后，世界经济学的研究中心转移到了美国。① 美国经济学的这一段发展史并非众所周知。尤其是第一、第二两个阶段对于今天的经济学同行来说更是陌生。本章将详细介绍美国经济学酝酿崛期的这个阶段（1865—1899年）的历史，② 在后面的章节中再对第二阶段做详细介绍。

前　史

在经济思想史上，第一次提到的美国经济学家一般说来都是本杰明·富兰克林（Benjamin Franklin），其次就是凭借《制造业报告》（*Report on Manufactures*, 1791）中的保护贸易主张而闻名、被视为"美国国家主义和经济增长的推动者"（Oser, 1963, 第231页）的美国财政部长亚历山大·汉密尔顿（Alexander Hamilton）。有时候还会提到积极投身于法国大革命的扎马斯·潘恩（Thomas Paine）。严格地说，这些人都是政治家而不是经济学家，因为他们的观点往往反映为经济政策主张，而没有从理论上去阐述经济问题。

美国内战前后这一时期，美国经济学的研究大多围绕着货币、对外贸易、商业、土地、公共财政等现实问题展开，研究成果大多以小册子的形式出现。19世纪中叶以来，美国的工业在东部地区开

---

① 一般对第二次世界大战前美国经济学发展阶段的划分是以第一次世界大战为界，即把美国内战结束（1865年）到第一次世界大战结束（1918年）作为第一个阶段，1918年到第二次世界大战结束为第二个阶段。我这里的划分依据的是这段时间内美国经济学的不同特征，即兴起阶段（1865—1899年）、多元时代（1899年到20世纪30年代末）、新古典学说一统天下（第二次世界大战后）。

② 在论及这个阶段的文献中，约瑟夫·多尔夫曼（Joseph Dorfman）的五卷巨著《美国文化中的经济思想》（*The Economic Mind in American Civilization*）无疑是无法超越的。但就本书的目的来说，多尔夫曼的著作显得过于简略。我根据从他的著作中获得的信息展开进一步的发掘，因而本章的大量素材都来自这一著作。

034 ｜ 第二篇　美国经济学的兴起

始迅速发展,大量民众开始向西部和南部迁移。这两个事件使得美国的经济学研究主要集中在劳工问题、土地问题、货币问题和自由贸易的争论这四个领域,产生了大量小册子文献。与此同时,学界对政治经济学的兴趣与日俱增,许多大学和学院开始设立政治经济学教授席位。但是,纯粹的经济学理论探讨和原创性的文献并不多见。以下人物和文献在这一时期比较有代表性。

约翰·麦克维克(John McVickar)于1817年在哥伦比亚大学获得道德哲学和政治经济学教授席位,哥伦比亚大学从而成为美国第一个为政治经济学这一学科设立教授席位的大学。J. N. 卡多左(J. N. Cardozo)在《政治经济学评论》(Notes on Political Economy, 1826)中反对李嘉图的地租理论和马尔萨斯的人口原理。约翰·雷(John Rae)在1834年出版的《政治经济学新原理》(Statement of New Principles on the Subject of Political Economy)中对资本理论做出了贡献,并为保护贸易体系打下了基础。这部著作被誉为内战前美国唯一具有理论原创性的著作,其作者也是约翰·穆勒提到的这一阶段唯一的一个美国人。19世纪中叶,有四部教科书在美国比较流行。弗朗西斯·鲍恩(Francis Bowen)在1856年出版的《适合美国人民的条件、资源和制度的政治经济学原理》(The Principles of Political Economy Applied to the Condition, the Resources, and the Institutions of the American People)中宣称,要反对"斯密的自由贸易理论、马尔萨斯的人口理论、李嘉图的地租和利润理论、托伦斯和劳埃德的货币理论,以及麦克库洛赫的遗产法则"(转引自Seligman, 1925, 第141页)。与之相反,约翰·巴斯科姆(John Bascom)的《大学政治经济学教科书》(Political Economy Designed as a Text Book for Colleges, 1859)则全盘接受了英法古典经济学的原理和结论。

阿马萨·沃克尔（Amasa Walker，后文将要重点介绍的弗朗西斯·沃克尔的父亲）从商人的角度撰写的《财富的科学》（*The Science of Wealth: A Manual of Political Economy Embracing the Laws of Trade, Currency and Finance*, 1866）比较接近巴斯科姆的基调。最为流行的教科书是佩里（A. L. Perry）的《政治经济学原理》（*The Elements of Political Economy*, 1865），本书发行了 21 版，直到 1890 年。这本书结合美国实际反对古典经济学的经济和谐思想。

由于几乎完全重复英法古典经济学，所以这一时期的美国经济学家大多湮没在历史中，也就没有真正意义上的"美国经济学"。美国经济学的诞生是美国内战后的事。

氛　围

有一种流行的说法，认为经济学是没有国界的，已有的经济理论都是人类文明的共同成果。这是事实。但不能否认的是，在某些特定的时期，某些国家确实出现过自己独特的经济学。德国历史学派的学说已是明证，19 世纪末的美国同样如此。这也正是我用"美国经济学"这一提法的原因。

美国之所以产生了自己的经济学，与它独特的环境以及这种环境所哺育的思想意识是分不开的。美国人韩纳（Lewis H. Haney）曾这样概括"美国特殊经济思想之背景"：①

---

① 以下译文引自商务印书馆 1925 年的文言译本，译者臧启芳。译文虽然不符合今天读者的阅读习惯，但中文文言的魅力尽显无遗，请读者容忍我大段引用译文。

美国在开国之初即有其特殊环境,而此种特殊环境颇足以予其经济学以特殊趋势。第一,美国学者之观察多趋于乐观主义。美为少年国家,富源无算,……故极难趋于悲观。于是,于最早时代以至伯登教授［即西蒙·帕滕,下文将介绍他的理论。——引者注］之时常有否认古典派所言报酬递减法则之趋势,甚至攻击马尔萨斯所言之人口原理……

更自美国之进步状态与随于进步状态所发生之投机事业及物价变动观之,美国经济学家必不以一般工资与盈利常相均平之假定为其立论之重要前提。即就其庞大领域内各地工资率与盈利率之截然不同言之,亦足以使其学者不信赖上述之假定。

再取美国农田多由旷野割划而来观之,亦必引起两大问题:土地非资本乎?土地非得自生产乎?美国土地既甚丰盈,其民又富于民治精神,当然能产生迥异于古典派经济学发源地之国所有之"土地所有权之制度",美人之认定土地与资本之区别实不若英人之认定为分明……

总之,美学者之多承认限界生产力分配说［即边际生产力分配论。——引者注］全为其国民心理所使然,其国民心理复随于前述各种特质而转移。譬如工资,在劳力稀少且比较独立之地,工资基金说极难发生,然生产力与所得之关系则最易显露。……美国自由之土地或无地租之土地甚多,居其土者但愁未有劳力。使能雇得劳力,被雇之劳力必能适得其所值,欧洲之资生工资（subsistence wage）实不常见于美洲。其在美人,宁视劳力为当节省之要素,而不视土地为当节省之要素,劳力生产力亦遂为美国学者所穷究。结果,创成其生产力工资说,再益以优异说［即级差观念。——引者注］之应用,美学者之计划竟底完成。然美国早年资本亦极稀少,故学者对于利息说所得之结论适与工资说之结论相同……

美之孤立于新大陆为其热心倡导保护主义之原因。彼既去旧世界艺术与工业之中心甚远,同时复多所需于制造物品,自不能不发生特殊之"美国制度"。从于此特殊制度,则海洋运费可以节省,内国市场可以振兴。盖一方直接受李斯特之影响,一方间接受李斯特之影响,美国直成为近世保护主义之中心。

美国经济学家自不能尽趋于前述之"倾向",而必有坚持古典主义之学者。然就其最著名之数家观之,已足为前述诸特质使说明。(韩纳,1925,第709—712页)

内战后,美国的环境发生了变化。环境的变化促使思想观念发生变化。但这种变化并非去接受欧洲流行的经济学说,而是直接导致了美国经济学的兴起。这里首先概述内战后到19世纪末美国的经济发展、社会状况和学术环境。

经济发展及其结果

在南北战争的刺激下,美国工业开始迅猛发展。[①] 至1894年,美国制造业产值跃居世界第一。导致美国经济的高速增长的原因被归结如下几点。首先,"是由于它无可比拟的天然资源"(福克纳,1964,下卷第44页),为制造业提供了廉价的原材料。其次,南北战争起实施的高关税政策保护了美国制造业,为美国的工业品提供了一个巨大的国内市场;同时,与对外的保护相反,美国政府在国

---

① 文中对这一阶段美国经济史的介绍,除非另有注明,其余均引自福克纳(1964)。

内实行的是比较彻底的自由放任政策。"正是由于同时享受了自由贸易和保护关税,才促成了美国史无前例的发展和惊人的繁荣"(转引自福克纳,1964,下卷第46页)。第三,交通运输条件的极大改善、新技术新发明的不断涌现,以及科学在工业中日益普遍的运用(当然这些也是工业发展的结果),进一步促进了制造业的发展。最后,企业家"以自己在组织、理财或售货等方面的才能创建了能降低成本的大企业,创造了新的市场和刺激了工业的发展"(福克纳,1964,下卷第48页)。

正是由于这些与欧洲的经济发展不大相同的原因,美国经济在这一阶段表现出这样一些特征:

第一,由于美国劳动力相对稀缺,使得节约劳动的机器不断被发明出来,而且迅速地实现了机器和零件的标准化。生产技术的进步及其标准化特征,为工业品的大规模生产创造了条件。另一方面,随着疆土拓展的完成,美国西部人口越发稠密,加之西部更加靠近原料产地,制造业大量西移,这又为大规模生产的产品创造了巨大的需求。在这些因素的共同作用下,美国制造业的规模是这一时期的欧洲国家无法比拟的。

第二,制造业的大规模生产使古典经济学原理受到了挑战,同时发生了企业兼并浪潮,垄断组织逐渐支配了美国经济。南北战争结束后的一段时期,自由放任是美国国内的主导意识。但是,斯密的"看不见的手""这项在工业革命发轫初期作出的关于放任主义会对社会幸福产生有利结果的乐观预言,在'南北战争'以后的几十年里被证明是很难成立的。……不受限制的竞争和放任主义带来的祸害,在某种程度上也限制了它们的发展。人民公众最后终于起而反对了对国家资源的浪费开发以及人们普遍地使用的违法方法,而且由于剧烈的竞争对企业本身所产生的巨大危害，使人们不能不另谋解救之道。这样，企业的合并与政府管理就成为不可避免的必然后果"（福克纳，1964，下卷第75—76页）。

一方面是大规模生产以及随之而来的垄断，另一方面是政府对垄断的管制，使得自由竞争的信条在美国社会得不到普遍的认同，同时政府的积极行动也远远超出了"守夜人"的角色。由于这种截然不同于欧洲的环境，"水土不服"的古典经济学在美国不可能成为主流。这就注定了美国特色的经济学从一开始就必然不同于古典经济学，而且是以它的反对者的面目出现了。

社会状况

社会大多数人普遍的不满，由此引发的冲突，以及各种改革主张的涌现是这一阶段美国社会的特征。

随着制造业生产规模的扩大、工人人数的增加，劳资双方的冲突不可避免地发生了。在冲突中，劳工组织得以发展壮大。1863年年底，全美只有79个地方性工会，两年后，工会的数量增加到了约300个（布莱克，1997，下册第89页）。1866年，全国劳工联盟成立。1877年，爆发了美国历史上最严重的劳资冲突。1886年，以劳工骑士团（Knights of Labor）为基础组建的美国劳工联合会（"劳联"）成立，并于当年5月1日组织了一场声势浩大的争取八小时工作制的罢工，引发了芝加哥牧草集市的流血冲突。

在农业中，随着农产品价格下跌，农民收入锐减，农民的不满与日俱增。他们把怨气发泄到了周围的土地垄断者、铁路大王、批发商、投机者、银行家等身上，开始联合起来维护自己的利益。19世纪70年代初，一个被称为"农民协进会"的组织发展起来，其他形式的农民组织也不断涌现。这些组织谋求通过影响立法、干预政治过程而改善农民的境况,农民成为平民党的有力支持。

工业化和城市化进程中产生的贫困、犯罪、道德沦丧、贫富分化等一系列问题,向旧宗教提出了挑战。教会积极地应对这一挑战,站在了广大产业工人和平民一边,并且吸引了大量的中产阶级,成为了推动社会变革的重要力量。一直持续到20世纪前20年的社会福音运动以及这一运动在我们研究的这个阶段的主体——基督教社会主义,在当时的社会思潮中占有重要的地位。这一运动认为教会应该为争取较好的经济秩序而工作,道德的力量能够从根本上改变经济方法。运动的倡导者(比如格拉登牧师)认为,以竞争为基础的工资制度是"反社会和反基督教的"(转引自布莱克,1997,下册第246页),支持工会,主张通过征收遗产税和所得税、养老金、公用住房、最低工资法等措施来补救经济的失序。

在工会、农民团体、政党、教会等各种社会力量的推动下,改革的呼声成为这一时期的主流。改革者的矛头无一例外,都对准了垄断者。以上各种社会力量对政府也产生了足够的影响,为后来的"进步运动"做好了思想上和政治上的准备,打下了良好的群众基础。在这样的背景下,这一时期的学术界异常地不平静,各种改革思想层出不穷,与保守的思想展开了激烈的争论。

学术界

在学术界,同样存在着保守和进步两股力量。坚持传统学说的人虽然也对现实中的种种问题忧心忡忡,但他们认为传统学说能够解决这些问题。比如,社会达尔文主义在美国的代表、古典经济学自由放任原则的坚定支持者威廉·萨姆纳(William G. Sumner)认为:

"富翁是自然竞争的产物,所有的人都投入了竞争,只有那些能够完成特殊要求的工作的人脱颖而出。""事实上,社会秩序是由与物理规律完全相似的自然法则确定的"(转引自布莱克,1997,下册第84、85页)。在他看来,自由竞争能够解决所有的社会问题。

与之相反,以爱德华·贝拉米(Edward Bellamy)为代表的另一种学术思潮则完全否定了自由竞争。在《回顾》一书中,贝拉米描述了一个通过和平的演变和运用社会智慧而实现的社会主义化的国家。他的国家主义思想产生了广泛的影响。在《回顾》出版后三年的时间内,美国共成立了140多个宣扬贝拉米思想的组织。

以上两种思想分别代表了两个极端。与此同时,一种折中的、联系美国实际的思潮开始出现,那就是威廉·詹姆斯(William James)和查尔斯·皮尔斯(Charles S. Peirce)开创的实用主义哲学。虽然他们的实用主义并没有直接地运用于社会问题的解决中,但为后来成为美国国家哲学的约翰·杜威(John Dewey)的实用主义打下了基础。实用主义的产生标志着美国人联系本国实际独创的学说的诞生。在哲学界,美国人不再是欧洲学说的阐释者或继承者。

在经济学界,亨利·乔治(Henry George)、弗朗西斯·沃克尔(Francis Walker)也表现出了足够的创造性(他们的学说下述),但这一时期经济学界的主流还是向其他国家学习。由于古典经济学教义与美国的现实相去甚远,美国的青年经济学家们纷纷把目光转向德国,向历史学派学习。在19世纪70年代,德国历史学派的发展已经比较成熟,大批美国年轻人来到德国,跟随历史学派的晚期代表人物们学习经济学。[①] 其中最有代表性的是我们将在下文详述

---

① 当时几乎整个美国社会科学界都在学习德国,详见 Parrish(1967)。

的理查德·伊利（Richard T. Ely）、约翰·贝茨·克拉克和西蒙·帕滕（Simon Patten）。此外，美国当时的统计学权威理奇蒙德·梅奥－史密斯（Richmond Mayo-Smith）是瓦格纳和罗雪尔的学生，在社会经济学方面颇有建树的法南（Henry W. Farnam）是施穆勒的学生。学成归国的年轻人们并没有完全照搬历史学派的学说，他们把历史学派的方法和理论与美国的实际结合起来，形成了美国特色的经济学。这正是本章下一节的主题。

学术界各种思潮的涌现以及它们的倡导者之间的争论是在一种自由的环境中发生的。学者们都想要解决美国社会存在的问题，都想要推动美国学术的发展。这种宽松的学术氛围为创造性的思想的产生提供了肥沃的土壤。

总之，美国在经济结构、社会状况和学术环境方面与欧洲的差别成为独特的美国经济学得以兴起的条件。一方面为了解决美国独特的现实问题，另一方面又没有传统学说沉重的包袱，成就了美国经济学家的独特思想。

奠　基

面对复杂的社会经济环境，经济学家从各种思想源泉中吸收营养，致力于推动美国社会的进步，这就使得这一时期美国的经济学异彩纷呈，其中不乏原创性的理论成果。此外，美国经济学家组成了自己的组织，团结起来扩展经济学研究的边界。随着各种专业经济学期刊的创办，他们的研究成果也找到了专业化的发表途径。所有这些因素共同促成了美国经济学的兴起。

学术成果

由于古典经济学已不再适应美国的现实，这一时期美国经济学家在理论上取得的突出成就大多来自古典经济学的反对者。而这些反对者又各有特点，我将其分为三类：第一类反对者的观点脱胎于古典经济学，他们的观点都是对古典经济学的修正；第二类反对者更为激进，他们的思想根本上源自美国社会中的激进传统，与现有的经济学流派没有直接的联系；第三类反对者以德国历史学派作为自己的思想源泉，将历史学派的分析方法运用于美国的经济问题。弗朗西斯·沃克尔、亨利·乔治、理查德·伊利分别是这三类反对者的代表。此外，还有的经济学家将各种思想综合起来，针对美国经济中的现实问题展开研究，对应用经济学某些分支的发展做出了突出的贡献。埃德温·塞利格曼（Edwin R. A. Seligman）是他们中的杰出代表。

1. 弗朗西斯·沃克尔

沃克尔（1840—1897）在美国内战期间在军队中曾升任准将，所以通常也被称为"沃克尔将军"。内战结束后，在1869年，年仅29岁的沃克尔被任命为税务署特别委员会的代表，负责统计局的工作。1870年，他主持了美国第九次国情普查，并且设计了一个反映国家发展的评价体系，成为这一领域第一流的统计学家。后来，沃克尔担任耶鲁大学政治经济学和历史学教授，1881年起担任麻省理工学院（MIT）的校长。

沃克尔对经济学理论的贡献集中体现在1876年出版的《工资问题：论工资和劳动阶级》（The Wages Question: A Treatise on Wages and the Wages Classes）中。A. F. 韦伯（A. F. Weber）认为这本书的

出版标志着"美国经济学元年","推动了美国[经济学]原创性的、独立的思考,使美国在经济学方面与欧洲齐头并进",并将其作为美国经济学得以蓬勃发展的直接原因之一（Weber, 1899, 第260页）。

在这本书里,沃克尔基本按照古典经济学的体系,从生产、分配、交换和消费四方面全面阐述了政治经济学原理。其中最为独特的贡献是对"工资基金"理论的批评。他认为工资基金学说之所以得到公认,主要是因为它能够很好地为现存的工资体制辩护,并且能够证明工会以及将罢工作为增加工资的手段都是无用的。他认为,可以用于支付工人的工资的数量不是由雇主所占有的或者能够支配的财富的数量来决定,而是由产品价值来决定。是否雇用工人取决于生产者的利润预期,而产品的预期价值则决定了雇主支付多高的工资。因此,工资的高低由产品价值而不是由资本来决定。因此,工人通过自身的发展提高了生产效率的时候,他的工资相应地也会提高。但是,工人自身的发展受到市场条件的制约。在不完全竞争盛行的地方和行业内,劳动的流动受到限制,富人占据了有利的位置,导致贫者愈贫、富者愈富。在这种条件下,政府必须进行干预,以促进竞争、公平地分配所有负担。这样,他就发现了适当的劳动立法的正当性。而在不完全竞争的环境下,工人维护自身利益而组建工会以及罢工,都是正当的（Walker, 1876）。

沃克尔的第二个理论贡献是对企业家和资本家的区分。这也是西方经济学中第一次作出这种区分,尽管沃克尔认为是他的父亲阿玛萨·沃克尔和萨伊率先强调了企业家的重要性。他认为,负责生产事务的是企业家而不是资本家。企业家是生产过程最重要的推动力,因为他们引导着劳动和资本更有效地发挥它们的作用。不同于利息的利润就是对企业家在生产中取得的成就的奖励。企业家不需要拥有资本,因为他们所拥有的技术知识和业务知识,以及管理的能力,使他们很容易就可以通过信贷而获得资本。他们的人数并不多,因为残酷的竞争淘汰了那些能力不足的人(Walker, 1876)。在他的企业家理论中,不仅有了企业家与资本家的区别,相应地也就有了利息与利润的区别,而且今天所谓"经理市场"也在他那里得到了充分的阐述。今天一般把"企业家才能"这种生产要素的提出归功于马歇尔,其实这个功劳应属于沃克尔。

我们说沃克尔脱胎于古典经济学,因为他相信古典传统是合理的经济学分析架构。但他又是古典经济学的反对者,因为他严厉批评了"正统"经济学家的极端保守主义和自由放任的立场。他认为他们忽略了历史方法和归纳方法,过于强调演绎方法。他认为正是这些因素使经济学在公众中失去信任,尤其是在工人阶级中。他的思想遭到了古典经济学的忠实信徒的反对。他的利润理论被视为"19世纪经济思想中最疯狂的产物"(Cannan, 1926,第358页)。[①] 但是,他的理论激发了人们对古典经济学的反思,使一部分经济学家意识到需要有一种对经济秩序的更客观的分析。

2. 亨利·乔治

乔治(1839—1897)是沃克尔的同时代人,二人于同一年去世。与沃克尔相比,乔治的思想尽管从古典经济学中吸收了众多成分,比如穆勒就对乔治有着深刻的影响,[②] 但乔治更为激进,而且他的思想更多地来源于美国的思想传统,比如亨利·凯里(Henry Carey)。《进步与贫困》(*Progress and Poverty*, 1879)使乔治声名

---

① 坎南(Edwin Cannan)的著作曾由商务印书馆于1937年出版中文文言译本,但译本中漏译了这一句。

② 乔治与穆勒通信的内容说明了这一点。见 Dorfman(1949),第144页注释5。

鹊起，书中阐述的"单一税"思想（尽管他的本意是通过这一措施来遏制萧条）引发了一场世界性的土地和税收改革运动，而且他的思想对美国20世纪初的"进步运动"也有着重要的影响。

乔治的改革主张是以他与众不同的地租理论和分配理论为基础的。乔治把产品分解为地租、工资和利息三个组成部分，其中地租是非劳动所得。由于土地是不可再生的，其价值就由需求来决定。地租由生产力最低的土地的报酬来决定，超出这个报酬的那一部分，就是地租的数额。在这一点上，乔治和李嘉图是一致的。但他把这种超额报酬视为用于土地上的劳动和资本的报酬。所以支付地租是不利于生产的。劳动和资本的所有者之所以要支付地租，是为了获得土地产品的所有权。这样，生产力最低的土地就决定了工资和利息，而且工资和利息与地租反向变动。当地租提高，工资和利息就减少。

那么是什么原因使得地租提高？一是人口的增加。因为人口增长使更贫瘠的土地投入到生产中，但产出的增长是由于生产上的节约、劳动分工以及交换的发展，而不是来自土地。二是工业技术进步。工业技术进步增加了财富和劳动供给，因而需要更多的土地。第三，也是最重要的原因，是人口增长与技术进步带来的地租上涨引发的土地投机。地租的上涨也就是萧条的原因：随着劳动和资本的生产力的提高，地租上涨得更快，迫使工资和利息下降。

对乔治而言，唯一的解决办法是由政府来确定地租，免除商人的税收，即所谓"单一税"。这一措施推导出的结果是土地的国有化，然后再由政府将土地借给出价最高的人使用。这样做之所以是合理的，是因为地租的提高得益于社会的进步，由土地所有者占有社会进步带来的这种收益无异于掠夺。土地国有化还将抑制土地投机，从而扫清经济自由发展的障碍。政府从土地中获得的财政收入将用于公共支出，向一个进步的社会迈进（乔治，1879）。

多尔夫曼认为，"乔治的伟大贡献也许不在于他的万能药，也不在于他的独特的分析，而在于他对他的信仰的生动表达，即社会的物质进步是社会发展的结果，最大的受益是战略性资源的所有者，这些资源之所以有价值是由于社会进步，而不是由于所有者的贡献"（Dorfman, 1949, 第147页）。

乔治的思想对后来美国自己的经济学乃至当代的经济思想和政策产生了重大的影响。他关于劳动和资本的报酬取决于它们与生产力最低的土地结合生产的数量这一理论，预示着克拉克的边际生产力分配论；他关于财富分配不均和轻视劳作是阻碍生产发展的关键因素的观点与美国自己的经济学——制度主义的代表凡勃伦（Thorstein Veblen）的观点不谋而合；他的以非革命的方式对收入进行根本性的再分配的思想影响了费边社会主义者；他坚持以地租确定政府支出的上限的主张在供应学派那里得以复活。对广大发展中国家而言，乔治的土地国有化或者"平均地权"的观点对它们的经济起飞大有裨益。被视为乔治主义者的孙中山的思想在我国台湾经济的起飞过程中起到的作用就是明证（陶大镛，1982）。

3. 理查德·伊利

伊利（1854—1943）在这个阶段只是一个"小字辈"。他是这一时期留学德国的年轻一代经济学家的代表。这些人从德国带回了历史学派的分析方法，比较鲜明地反对古典经济学的演绎法，推崇归纳的、历史的分析。伊利竭力主张抛弃极端的自由放任，代之以人道的经济学。所谓人道的经济学，集中地体现在他对美国工人阶级以及劳工运动的关注。《美国的劳工运动》（1886）表达了他对工人以及工会的极大的同情。他认为工人应该组织起来提升整个工人阶级的地位。但不是通过罢工，而是通过基督教伦理去解决劳工问题。

伊利被视为一个基督教社会主义者，同时也是"社会福音运动"的学术界领袖。他认为，教会必须重新获得工人大众的信任，这就需要教会去维护工人的正当要求，从而避免流血的阶级冲突。在他看来，教会在这方面可以发挥的作用远比经济学家要大。他甚至竭力劝说牧师们加入劳工骑士团。伊利的思想影响了整个美国的基督教社会主义者，他们将伊利的著作作为指南（Rader, 1966）。在对劳工问题的研究中，伊利不仅自己成为了权威，而且还培养了一批门徒，他们对美国的劳动立法产生了巨大影响。他们中间最杰出的代表就是康芒斯（John R. Commons）。

此外，伊利积极宣传历史学派的分析方法，将有共同信念的经济学家组织起来，成立了美国经济学会（AEA，下述），为促进美国经济学家的合作做出了突出的贡献。他的主张通过他流行的教材《政治经济学导论》（1889）得到广泛的传播。这本教材虽然以介绍古典经济理论和边际效用学说为主，但也强调了归纳方法和历史分析的优点，而且不时地提醒人们注意现存经济秩序中各种各样的罪恶。在出版后的10年间，这本教材发行了3万多册。1893年，他的（后来与别人合作）较温和的教材《经济学大纲》（1893）更为流行，总共发行了六版，共计35万册，被译为7种语言。

不像沃克尔和乔治，伊利在理论上并没有取得什么原创性的成就，但他对整个美国经济学的影响却超过了前两个人。正如评论所言，"对超过两代经济学家，伊利普及了一种重要的社会思想，反映了致力于改革的学者的困境、挫折和成功。他既是19世纪末、20世纪初激发了美国改革派的有力思想的阐述者，又是这些思想的接纳者。

他批判那些阻碍有效的改革的老思想，并为激进的建议营造了一种令人尊敬的氛围，经常性地应用到传统的伦理学中。他感染了许多学生以及许多需要把人类智力运用到社会问题上的公众。由于对政治经济学的新看法，伊利是新的研究的先驱"（Rader, 1966，第v页）。

4. 埃德温·塞利格曼

塞利格曼（1861—1939）是公共财政学的先驱。他的名著《租税转嫁与归宿》（1894）奠定了他在这一领域的权威地位。他是第一个提出最低工资主张的经济学家，建议政府规定每一份劳动契约都要制定最低工资，并且认为这样不仅不会干预竞争，反而会提高竞争水平。

在税收方面，他激烈反对乔治的单一税计划，提出了赋税能力或者支付能力学说，认为在现代社会中，由于所得最能反映人们真实的纳税能力，对国民经济产生的负面影响也最小，所以作为赋税基础最为理想。这一思想可以说奠定了现代所得税体系的理论基础。同时，这一理论也支持了激进的税收需求，比如累进税等。但是，塞利格曼自己却小心地限制了这个原理的运用。比如，尽管他支持累进的遗产税，但否认这是体现公平的手段，只不过是能力原理的一个运用而已："遗产只是偶然的收入，是一个增加财产的机会，它扩大了个人的能力，而且正是因为其偶然的、不劳而获的性质，它是最适合征税的"（塞利格曼，1894，第214页）。

塞利格曼在税收方面的第二个突出贡献，是明确了联邦政府（中央政府）与州政府（地方政府）税权划分的原则：效率（efficiency）、适应（suitability）和恰当（adequacy）。效率原则即为哪级政府征税效率高，就由该级政府征税；适应原则以税基大小为划分标准，税基大的归中央，小的属地方；恰当原则以税收负担公平为划分标准，若为公平目标而设的税,归中央征收(塞利格曼,1894)。这些划分原则一直沿用到今天。

除了税收理论和公共财政方面的贡献之外,塞利格曼涉猎相当广泛。他对经济思想史的研究使人们认识到了一些被忽略的经济学家的贡献,比如欧文对基督教社会主义的影响,比如李嘉图同时代的托伦斯(Robert Torrens)。他1925年对美国经济思想史的归纳在当时是最详尽的。此外,塞利格曼的研究领域还涉及对第一次世界大战的经济解释、管制、移民、经济法等方面。尤其是对社会问题和社会进步的分析在一定程度上影响了后来的制度主义者(Seligman,1925)。

当然,这一阶段杰出的美国经济学家远不止以上四人。此后比他们名气更大、影响更深远的经济学家(比如克拉克、凡勃伦、费雪、陶西格等)在这一阶段也开始崭露头角。只不过,他们对美国经济学的兴起打下的基础,是其他人无法比拟的。

学术平台

除了杰出的奠基人,这一时期的学术界也为美国经济学的兴起搭建了优良的平台,使经济学家们能够在一个目标相对一致的环境中致力于"扩展经济学的边界";他们的观点也有众多的专业渠道可供发表;经济学教育在大学中的普及造就了一大批优秀的后备人才。

1. 美国经济学会的成立和发展

成立美国经济学会(American Economic Association,简称AEA)的想法最初来自留学德国的年轻一代经济学家。埃德蒙·詹姆斯(Edmund J. James)和帕滕在1884年的时候就试图组建一个模仿德国历史学派的学术团体的组织"国民经济研究协会"。这一尝试虽然没有成功，却为伊利的努力打下了基础。1885年，美国经济学会成立，沃克尔被推举为第一任主席，伊利担任学会秘书。

最初，美国经济学会的宗旨是反对极端的个体主义和自由放任，推崇历史学派的归纳方法和历史的、统计的分析。伊利为学会起草的章程就是对这种主张的最好概括：

（1）我们认为政府是一个中介，它的积极干预是人类进步的一个必不可少的条件。

（2）我们相信，政治经济学作为一门科学仍然处于其发展的初期。尽管我们赞赏那些经济学奠基者们的工作，但我们并没有看到他们为使这一学科实现令人满意的发展而对经济生活的现实条件进行多少历史的、统计的研究。

（3）我们认为劳资冲突已经带来了大量明显的社会问题，要解决这些问题，需要教会、政府和学界在各自的领域团结一致的努力。

（4）在政府的工商业政策研究中，我们所持的并非党同伐异的态度。我们相信经济条件的发展进步必然要有与之相适应的立法政策的发展。（Ely, 1909, 第49页）

学会成立之初，团结了一批追求自由考察的开明的经济学家。克拉克认为这个组织是一个主张改革的政治经济学俱乐部，它的主要发起人是一群不相信自由放任学说、不使用演绎方法的年轻人，当然，这其中也包括了思想发生转变之前的克拉克。伊利对学会的成立起到了至关重要的作用。学会的成立离不开他的四处奔走，他的努力得到了大部分经济学家和许多大学校长的支持。学会成立后，担任秘书的伊利"几乎靠一个人的力量确保了学会早期的成功"（Rader, 1966, 第 38 页）。伊利不仅负责学会的日常事务，还负责学会各种出版物的编辑①以及管理财务。他积极吸纳新会员，四处筹集资金发行学会出版物。到他 1892 年离任的时候，学会的成员超过了 700 人（学会成立之初，会员为 182 人），在全美成立了 9 个分会，而且学会的影响还扩展到了欧洲。英国皇家经济学会正是受到 AEA 的启发才成立的（Rader, 1966）。

但是，伊利最初对学会原则的设想没有得到普遍的支持。出席学会第一次会议的大多数经济学家认为，应该修正对自由放任以及古典经济学家的谴责。相应的，以萨姆纳为代表的古典经济学的卫道士们也对学会抱有敌意。这样，伊利设想的学会的原则没有通过，但保留了关于政府作用的那一条。经过这种妥协和折中，学会的首要目标变成了鼓励经济学研究，尤其是历史和统计的研究。结果到 1890 年，学会成为了团结所有美国经济学家的一个组织，包括萨姆纳这样的古典经济学的忠实信徒都加入了学会。伊利这时写到，"几年前分裂了经济学家的老问题不再如此重要，现在是友好聚餐的时候了。……我们现在想要的是团结所有致力于积极的、进步的社会的人"（转引自 Dorfman, 1949, 第 208 页）。

美国经济学会的成立对于美国经济学的意义，在于它向狭隘的英国传统发起了猛烈的攻击。许多经济学家把学会的成立视为脱离狭隘的经济学教条主义的宣言。"如果学会实现了什么的话，那就是团结了一批决心提高研究水平的年轻经济学家"（Dorfman, 1949, 第 210 页）。

---

① AEA 成立之初没有出版固定的期刊，直到 1911 年学会的会刊《美国经济评论》才创刊。

2. 经济学期刊的创办

1886年以前,美国没有经济学专业期刊。美国经济学家的理论和观点大多通过《北美评论》(North American Review)、《南方评论季刊》(The Southern Quarterly Review)、《德鲍尔评论》(De Bow's Review)等时评性、综合性的刊物来阐述。1886年,美国的第一份经济学专业期刊《经济学季刊》(Quarterly Journal of Economics)在哈佛大学创刊;1892年,芝加哥大学的《政治经济学杂志》(Journal of Political Economy)开始出版;到1911年,美国经济学会的会刊《美国经济评论》(American Economic Review)创刊。这些期刊为不同的理论观点以及讨论现实问题的文章提供了最充分展示的舞台,经济学家作为一个群体有了自己专门的论坛,大大提升了学术讨论的水平,从而推动了创造性思想的涌现。

3. 经济学教育

美国大学中的第一个政治经济学教授职位是哈佛大学1871年为古典经济学的支持者邓巴(Charles F. Dunbar)设立的。1872年,耶鲁大学为沃克尔设立了一个政治经济学和历史学教授职位。卡莱顿(Carleton)学院1875年设立了经济学和历史学教席,克拉克受聘于此。1876年,约翰·霍普金斯大学为沃克尔提供了一个政治学和经济学教授职位。此后,经济学在大学中逐渐普及。随着新的大学的成立(比如1891年成立的斯坦福大学,1892年成立的新芝加哥大学),经济学在大学教育中焕然一新。各种各样的经济学课程层出不穷。年轻的经济学家们几乎对每一个经济问题都可以开设一门课程。"政治经济学开始向每一个方向展开,自由地爆发。这在高等教育史上是空前的"(Parrish, 1967,第9页)。

经济学研究方向"空前"扩展的同时,研究方式的变化也促进了创造性思想的产生。留学德国的经济学家们在德国学来了讨论式学习。但他们并不满足于德国式的集体讨论制。美国式的"seminar"正是在他们改革德国方式的结果。参加一个"seminar"的所有人都讨论同一个主题，每一个学生分别研究一个问题，由主持的教授结合在一起进行评论，学生还可以单独和教授进行讨论。

总之，经济学在这个时期真正成为了一个专业。众多的研究者面对众多的社会经济问题，从不同的思想中吸收营养，密切联系美国实际给出不同的解决办法。与此同时，纯理论的探讨也结出了硕果。不仅不同的理论传统中都诞生了自己的领军人物，他们对这些传统进行了创造性的改造，而且还诞生了美国自己的经济学流派，美国经济学得以兴起。所有这些思想在一个大时代中共存，渐渐凸显为三股学术力量，形成了美国经济学的多元时代。

美国经济学的兴起：全貌、标志及其影响

全　貌

在这一阶段，美国经济学从不同的学术传统中吸收营养，自己的学术传统正在形成，学术界呈现出一派繁荣景象。遵循古典传统的群体在一定程度上发展了古典经济学，边际革命的拥护者更是声名鹊起，美国自己的经济学——制度主义也正在从对历史学派方法和思想的改造中萌芽，而乔治、沃克尔、塞利格曼这样的经济学家则很难将他们划归某一学术传统，但他们无疑在促进美国经济学的兴起中起到了至关重要的作用。表3-1概括了这一时期的不同学术传统及其代表人物。

表 3-1　1865—1899 年美国的重要经济学家

学术传统	经济学家	
	90 年代以前	90 年代以后
古典经济学	萨姆纳 邓巴（Charles F. Dunbar）	哈德利（Arthur T. Hadley） 陶西格（Frank W. Taussig） 劳克林（James L. Laughlin）
边际主义	纽科姆（Simon Newcomb）	克拉克 费雪（Irving Fisher） 舍伍德（Sidney Sherwood） 格林（David I. Green）
历史学派 / 制度主义	詹姆斯 伊利 亚当斯（Henry C. Adams）	凡勃伦 康芒斯
其他	乔治 沃克尔 帕滕	塞利格曼

1. 古典经济学

在古典经济学的学术传统中，19 世纪 90 年代前的代表人物萨姆纳、邓巴等几乎完全照搬了古典经济学的信条，彻底地坚持自然法和自由放任原理。比如萨姆纳（Sumner, 1883）反驳了只存在"国家"的经济学而没有普遍的政治经济学的观点。在对自由放任的维护中，他宣称"每一种税收或者对生产自由或交换自由的干预都将造成抑制、混乱，……都将带来风险和困扰"，"我们否认政府能够向我们提供更好的东西，我们否认在这样的前提下可以建立任何理论"，"保护是进步的敌人"（Sumner, 1883, 第 5、10、11 页）。当然，这样的信条已经难以适应美国社会经济的现实。90 年代后的古典经济学继承者们已不再教条地坚持这些信条，而是无意识地在一定程度上将古典学说、边际主义以及历史学派的观点综合在了一起。

萨姆纳的学生哈德利（也曾留学德国师承瓦格纳）将物品的价

值视为物品在一个自由和开放竞争的体系中所能支配的价格。他认为边际主义虽然比过去的理论有进步,但边际主义者们跨进了心理学领域,从而使他们的工作与经济和立法上的现实问题隔得太远。由于他们过度使用心理学词汇和概念,以及忽略了纯粹的经济事实,这些经济学家使经济学成为一种不是提供给政治家和普通大众的科学,而是提供给学者的科学(Hadley, 1896)。哈德利将自然选择学说当作革新现代经济学的一个力量。他用这种学说来支持产权的观点,认为产权"是生产性的,因为如果人们不能使用他们的资本满足社会需求,他们将蒙受货币损失。""对中世纪的经济学家来说,商人是得到许可的强盗,对现代经济学家来说,商人是公众的恩人。……这是我们对商人和社会整体之间的利益的实质性认可,我们赋予了我们的资本家最自由的机会去引导社会的生产资源导向他们自己的个人利益"(Hadley, 1896,第 147 页)。在 1885 年出版的《铁路运输》(*Railroad Transportation*)这部著作中,哈德利已经把劳动视为后来的理论中所说的社会的"营业成本"或者"固定费用",只不过他还没有意识到这一点。

邓巴的学生陶西格(曾留学德国)因其博士论文《幼稚工业保护》(*Protection to Young Industries*, 1883)而成名。他反对历史学派的美国信徒们的主张,成为两派的争论中维护古典经济学的"老派"的领军人物。但这并不意味着他排斥那些新主张的支持者:他与塞利格曼是终身好友,而且他是第一个加入 AEA 的"老派"成员。陶西格坚持古典学说,但也赞赏边际革命。当马歇尔的《经济学原理》出版后,他认为这是穆勒之后最重要的经济学成就(Taussig, 1893)。陶西格的主要成就在于国际贸易领域。在经典著作《美国关税史》(1888)中,陶西格虽然坚持自由贸易,但也为保护幼稚工业的观点以及逐步取消关税的观点留下了足够的空间。他主张"温和的关税"（Dorfman, 1949）。除了学术上的成就之外，陶西格开放的学术态度对于学术新秀的培育起到了积极的作用。比如，在担任《经济学季刊》主编期间，他接受了与正统经济学截然对立的凡勃伦的多篇论文，而且还向当时的 AEA 主席伊利推荐凡勃伦的论文"生产的职业和金钱的职业"参加学会 1900 年的年会（这些论文后来都成为了凡勃伦的经典文献）。

邓巴的另一个学生劳克林在学术观点上是一个比较教条的古典经济学家。他一直反对 AEA 的"伊利主义"的宗旨和做法，直到 1904 年才加入 AEA。他虽然承认经济学需要变革，但认为变革应该坚持自由放任的方向。他完全赞同凯尔恩斯（John E. Cairnes）对经济学范围和方法的界定："政治经济学不是一个具体真理的体系，它并不伪称是事实的说明，或者是现实条件的描述，甚至是未来的描述。它是分析经济动机的手段，衡量它们的力量，发现和解释具体真理之间的关系，确定它们的因果"（Laughlin, 1892, 第 6 页）。劳克林的主要学术贡献在于货币和信用方面。他阐述了银行货币创造过程的缺陷。尽管在学术观点上是保守的，但他尊重别人的思想，以一种开放的态度对待不同的学术主张。1892 年新芝加哥大学成立后，劳克林担任经济系主任，主编《政治经济学》杂志。期间，《政治经济学》杂志上发表了众多理论观点完全不同的文章，比如经济系的统计学教师霍尔维克（Issac Hourwich，后来参加了俄国革命）就在《政治经济学》杂志上发表了一篇维护马克思的理论、攻击奥地利经济学的文章。他不拘一格网罗人才，在他的经济系里人才济济，教师中包括了凡勃伦、米切尔、达文波特等。凡勃伦在芝加哥大学期间正是他的学术生涯的黄金时期。

2. 边际主义

边际革命发生后不久，边际效用学说便传入了美国。在天文学和数学领域享有国际声誉的纽科姆是杰文斯学说的坚定支持者。在1872年的一篇文章里，纽科姆介绍了杰文斯的理论，并认为像杰文斯那样用精确的数学模型来表达经济学是值得鼓励的。当然，纽科姆也接受了杰文斯的边际效用学说（Newcomb, 1872）。除了作为在美国传播边际效用学说的先驱之外，纽科姆还在货币理论上对经济学做出了贡献。在他的政治经济学教科书里，他提出了一个货币的"社会流通方程"：$V \times R = K \times P$，即货币流通速度 V 乘以流通中的货币量 R，等于总产量乘以价格（Newcomb, 1886）。这就是后来广为人知的货币数量论的"交易方程"。①

90年代以后，边际主义在美国已得到比较广泛的传播，而且得到了广泛的认同。多尔夫曼认为边际效用学说此时已成为"经典"（Dorfman, 1949）。在这一时期，舍伍德和格林是边际主义的著名倡导者。舍伍德认为边际效用不仅对于经济学，而且对于所有的社会科学来说，都是考察的关键。边际效用观念将经济学的范围扩展到包括了所有的人类动机。格林认为边际主义与古典经济学并没有根本的区别，奥地利学派的边际主义来源于古典经济学。他还清楚地阐述了机会成本的概念，庞巴维克接受了格林的概念，用来将成本解释为效用的牺牲（以上均引自 Dorfman, 1949）。

当然，边际主义在美国的杰出代表非克拉克莫属，货币数量论的代表费雪同样也是边际主义的倡导者。克拉克的贡献和地位将在下面阐述，费雪的货币数量论已广为人知，这里毋庸冗言。需要说

---

① 因这一方程而闻名的费雪认为纽科姆是这方面伟大的先驱（Fisher, 1909）。

明的是，边际效用学说在 90 年代以后已经成为美国正统经济学家普遍接受的理论，除了以上二人之外，还有一大批边际主义者，只不过克拉克的光芒将他们湮没了。

3. 历史学派／制度主义

一般认为制度主义是历史学派在美国的一个变种。其实，美国制度主义只不过接受了历史学派的分析方法，并非复制了历史学派的理论（其实历史学派也没有系统的理论）。从这个意义上说，下面这些人物都不能严格地视为制度主义的先驱，只不过他们的思想和探讨的问题与后来的制度主义者有一定的联系。加之这些人多留学德国，他们带回的经验和思想，以及对正统学说的批评和否定，在一定程度上影响了制度主义者。

詹姆斯曾留学德国，师从历史学派后期代表人物之一康拉德（Johannes Conrad）。詹姆斯同情工会，竭力维护工会的利益，甚至提出共产主义和无政府主义的社会对于工人来说是最好的环境。他虽然有一定的社会影响，但并未取得多大的学术成就，后来担任西北大学和伊利诺伊大学的校长。

亨利·亚当斯对后来的制度主义者的影响比詹姆斯要大得多。他曾经赞同边际效用学说，但后来完全接受了历史学派的主张，认为政治经济学的目的在于通过历史的研究，更彻底地了解人的真正本性，客观地了解现实，并且要预防那些不切实际的改革（Adams, 1881）。和这一时期其他的进步经济学家一样，他认为当前社会秩序中解决劳资关系问题、垄断问题是最为迫切的。由于资本集中是现代工业结构的要求，因此劳动者必须联合起来，否则他们在谈判中必然处于劣势。此外，他提出了劳动者占有企业的部分所有权的"理想"，认为可以通过剥夺有产阶级的产权而实现。但这种剥夺并非采取暴力的方式，而是通过向财产所有者施加特定的义务。这也是工会运动一个无意识的目的。亚当斯把仲裁法庭当作向所有者施加义务的工具（Adams, 1886）。这种思想在后来康芒斯的理论中有一定的体现。1887年，亚当斯发表了政府与企业的关系的经典论述。他认为自由放任只不过是支配性的思想习惯和行为习惯，其权威地位并没有足够恰当的理论支撑，它通过"历史偶然性"的作用反对政府功能的扩大（在这里可以看到凡勃伦的影子）。"政府和私人企业都是高度组织化的社会发展的核心，建设性思想的目标应该是保持它们的和谐关系"（Adams, 1887, 第476页）。多尔夫曼认为，这种保持社会不同组成部分的和谐，以及公共活动和私人活动的一定比例的思想，是亚当斯之后50年中许多社会经济立法的思想源泉（Dorfman, 1949）。

当然，对制度主义产生影响的并不只是这几个人。但从另外的角度来说，制度主义的创始人凡勃伦也没有多少思想先驱。他的理论太独特。本书将在后面详细阐述。

4. 其他重要经济学家

除了以上这些可以比较清楚地归类的经济学家之外，还有一些人很难划归某一理论传统，比如前文提及的乔治、沃克尔、塞利格曼。除了这三人之外，比较突出、也比较独特的当属帕滕。

帕滕是一位比较独特的经济学家。他接受了边际分析方法，但却用这种方法推导出来干预主义或者国家主义的结论（Hunt, 1970）。帕滕是保护主义的坚定支持者，而且他的保护主义理论比较独特。他认为美国的问题主要源于农产品的消费特征。美国人的口味偏向于肥沃的土地生产的谷物。由于自由贸易，为了满足国外的农产品需求，美国人开始越来越多地耕作贫瘠的土地，地租因而提高，工资和利息降低。低工资和低利息导致了大规模的工业垄断组织。自由贸易将产生李嘉图的地租理论和马尔萨斯的人口理论所阐述的悲观结果。但是，如果美国不是为了国外市场而是为国内市场而生产，这些趋势就可以通过关税等手段来扭转（Patten, 1890）。对于保护破坏了自由竞争的自然法则的观点，他反驳说，传统的经济学法则不是自然法则而是社会法则，是由那些停滞国家的人发展起来的学说（Patten, 1885）。帕滕主张通过政府的作用来实现公共目标，靠高税收来发展教育、修建公园和图书馆。对公共目的的强调引出了他的"经济自由"的观念。自由不止是政治上的权利，还包括经济权利。每个人的经济权利的实现取决于社会剩余的增长。在现代国家，生产力足以满足最低的生活需要，因而每个工人都有权通过获得经济权利而分享社会剩余。除了与生产相联系的权利之外，他还强调了另外两种权利：获得救济的权利和妇女的特殊权利（转引自 Dorfman, 1949）。

需要说明的是，以上这些经济学家，尤其是90年代以后的经济学家，他们的思想并非绝对遵循某一种理论传统，往往都表现出交叉的特征。正是在各种学说相互渗透、相互影响，当然也相互竞争的环境下，诞生了标志着独特的美国经济学兴起的学术成果——边际生产力分配论和制度主义。

标　志

我之所以将美国经济学兴起的时间划定在1899年，是因为标志性的文献都诞生在这一年：标志着美国人吸收、改造和发展边际主义学说的克拉克的《财富的分配》，以及标志着制度主义诞生的凡勃伦的《有闲阶级论》。

1. 克拉克

克拉克被放在边际革命的完成者这样的地位上，[①] 可见他对经济学的贡献是当时其他美国人无法比拟的。尽管他对边际主义乃至整个正统经济学做出了突出的贡献，但他的学术生涯以及他的理论仍然深深地打上了美国特色的烙印。他代表了美国经济学的一个方面：继承并创新，密切联系现实。

克拉克的学术思想明显地分为两个阶段，前一阶段体现在《财富的哲学》中，这时他是一个基督教社会主义者；后一阶段体现在《财富的分配》中，这时他是一个边际主义者或者新古典经济学家。

在1885年出版的《财富的哲学》中，克拉克否定了古典经济学的基础："经济人"、竞争和个体主义，认为人的本性不足以用"经济人"来概括，而无节制的竞争很容易演化为"斗争"，社会不是由孤立的个体构成，而是一个有机体（Homan, 1928）。财富"是指那些物质的、可以转让的、数量有限的人生幸福的源泉"（克拉克，1899，第9页注释①）。竞争是增加财富的有效手段，但在社会这个有机体中，竞争需要约束，这种约束力量来自社会有机体的道德价值。而社会的道德价值是通过力量的平衡来实现的："一方面是资本的联合，另一方面是劳动的联合，实现了道德法则，在这个法则下，合法的竞争自动发挥作用。……下一步是劳动争议的自愿仲裁，但由于可能有无休止的起诉，更为进步的形式将是利润分享式的合作，在其中，劳动者既是劳动者，也是企业家。这种最后的状态在克拉克的解释中是自愿的生产者的合作，……在那里，工业竞

[①] 严格地说，克拉克只不过是在封闭经济的范围内完成了边际革命。如果扩大到开放经济或者国际市场，边际革命的完成者应该是俄林。

争将被消除,因为劳动者也是资本家"(Dorfman, 1949,第 193 页)。这时候的克拉克虽然也产生了边际效用的思想,① 但他的目的不是去发展价值理论和分配理论,而是在理论上"有一种愿望,要把历史学派和社会改革学派所强调的一些社会伦理成分保存在经济学里"(罗尔,1981,第 419 页);在现实中,他努力要为解决现实问题提供思路。

1899 年,克拉克的思想发生了明显的转变。《财富的分配》的目的"在于说明社会收入的分配是受着一个自然规律的支配,……每一个生产要素创造多少财富就得到多少财富"(克拉克,1899,第 1 页)。既然生产要素各得其所,那么劳动者就没有受到不公正的待遇,他们已经得到了自己应得的份额。"这种观点使工商企业主感到安慰,因为他们可借此反对工会为其会员主张提高工资的要求"(惠特克,1974,第 344 页)。换言之,如果这种理论得到劳动者的认同的话,那么当时美国最棘手的社会问题——劳资冲突将迎刃而解。

克拉克的思想之所以发生如此转变,他的儿子、后来同样声名显赫的制度主义者约翰·莫里斯·克拉克(John Maurice Clark)曾有很好的解释:"在像兼并、集中和垄断的发展这样的历史运动中,第一个阶段也许是,当它刚出现,人们受到它可能的威胁的警告。这个阶段也许由《财富的哲学》中相关的论述来代表。当人们发现尽管出现了新的元素,但世界像以前一样没什么变化,这时就进入了另一个阶段。他们更加强调过去建立起来的围绕着旧元素的体系;

---

① 这时的克拉克并没有接触到杰文斯等人的著作,没有使用"边际效用"或者"最后效用"这类词汇,而是使用"有效效用"或者"社会有效效用",并且他将这两个词汇的发明权归于他的老师,德国历史学派的克尼斯(见 Dorfman, 1949,第 191—192 页)。

正如我父亲后来的体系就是建立在围绕自由竞争之上的,假定垄断可以得到成功的'遏制'"(转引自 Dorfman,1949,第 204 页)。小克拉克还说到:"后来还有一个阶段,新的元素真正地发展了它们的力量,也许发展到了罢黜老元素的支配性地位的地步。研究者被迫转变他们强调的对象。……对我们的评价可能更像第一个阶段的人,他们为新的运动可能如何发生而激动。也许真正需要考虑伦理因素"(转引自 Dorfman,1949,第 204 页)。这段话适用于凡勃伦以及追随他的制度主义者。

2. 凡勃伦

凡勃伦代表了美国经济学的另一个方面:颠覆并创立新学,同样密切联系现实。凡勃伦继承了那些目睹传统学说所不能解释的美国社会经济结构的巨大变迁,从而否定或者部分否定古典经济学的人(比如乔治、贝拉米、沃克尔等)留下的传统。这种传统在凡勃伦这里取得了最醒目的成就。《有闲阶级论》不仅是对经历巨大变革的美国社会经济的典型思想习惯的卓越归纳,也标志着制度主义这个学派的诞生。这个学派在此后的 30 年内一直是与正统经济学分庭抗礼的重要力量。在二者的竞争中,制度主义甚至稍占上风。

凡勃伦没有直接继承某一学派的学说,尽管包括马克思主义在内的很多学说都对他产生了影响,但他对过去的学说多少都抱有一点批判的态度。这种"知识上的无家可归"(Dorfman,1949,第 434 页)反而使凡勃伦没有受到太多的约束,"他比同时代人更鲜活地看到了技术和经济组织的变化,这些变化将美国转变成一个货币经济的成熟产品"(Dorfman,1949,第 434 页)。1891 年前,凡勃伦的兴趣在于哲学。看到了贝拉米的《回顾》之后,凡勃伦转向经济学研究,"走进了一个注定要遭受个人的苦难,但在知识的战斗中成熟的世界"

(Dorfman, 1949, 第 437 页)。

凡勃伦①把经济学的研究对象界定为受文化影响的人类行为。人类行为塑造了物质文明，而物质文明的核心是技术的发展。但是，从古到今，技术的发展都是不充分的。那是因为作为人与物的关系的技术过程往往受到文化和社会条件的影响。经济学要研究的正是这些影响技术过程的文化因素，而不是技术过程本身。在这些影响因素中，最重要的是作为思想习惯的制度。作为思想习惯，制度"是以往过程的产物，同过去的环境相适应，因此同现在的要求决不会完全一致"（凡勃伦，1899c，第 139 页），因而是一个保守因素。陈旧的思想习惯支撑着传统的经济生活组织，包括支配性集团的地位，由于技术变革而形成的新的思想习惯趋向于破坏旧的经济组织模式，结果就导致了经济秩序的变迁。同时，这些思想习惯尽管有所变化，但其核心由于人类的本能而始终保持着一致，比如有闲阶级的思想习惯正是来自剩余产品出现之后由人类的破坏性本能之一的竞赛倾向。

在他所处的资本主义体系下，维护现有思想习惯的那些既得利益者——缺位所有者、工业巨头——不参加直接的生产活动，从事"无用"（unserviceability）的商业这个职业，追求财富的积累，执行着"仪式的"（ceremonial）职能，通过限制产量而赚取高额的利润；但在另一方，体现技术进步的要求的普通大众从事的是"有用"（serviceability）的职业——工业，他们追求的是产量的最大化以满足人类的需求，执行着"工具的"（instrumental）职能。后一个集团的追求受到前一个集团的追求的限制，二者之间产生了冲突。制

---

① 以下对凡勃伦思想的介绍参见张林（2006）。

度变迁过程就是"工业的"和"商业的"或"金钱的"（pecuniary）两个职业各自构成的集团的对抗过程，技术进步不断推动着制度变迁。通过这种"工业—商业"、"技术—制度"，或者"工具—仪式"二分法，凡勃伦剖析了资本主义体系的运行及其社会价值，找到了社会经济问题的根源——制度。他的思想感染了一大批人，引发了20世纪20年代的"制度主义运动"。

如果说克拉克巩固了正统经济学，那么，凡勃伦则是为正统经济学塑造了一个劲敌。

影　响

1. 美国经济学的特征

现在可以来概括美国经济学的特征了。正因为这些特征，我才说美国曾有过自己的经济学。

美国经济学的典型特征是，无论是哪一派别的经济学说，都是对美国当时独特的社会经济现实的反映，都是在问题意识的驱使下得到的理论成果，而且这些理论成果都是创新的结果，而不是照搬或者简单地延续某一已有学说。关于这一点，只需用克拉克的理论即可说明。

虽然一般将克拉克视为边际革命的完成者，但这并不能证明他的理论与欧洲的理论没有差异。姑且不论早期的克拉克几乎站到了正统经济学的对立面，仅就他的边际生产力分配论来说，也足以表明他的理论的美国特征。

首先，克拉克的学说完全是原创。尽管克拉克（1847—1938）的年纪比杰文斯（1835—1882）等边际革命的发起人要小，他的边际主义代表作的出版时间也比边际革命的发生时间要晚得多，但不能据此认为克拉克受到了欧洲边际主义者的影响。"他单独地创建起边际效用原理,而且把它运用于历史上最重要的生产和分配问题方面"(罗尔,1981,第417页)。在克拉克使用"有效效用"而不是"边际效用"这一类词汇的时候,他"并没有注意到杰文斯或者欧洲大陆同时代人的著作。……他虚心地将它们归于海德堡的老教授克尼斯的发明"(Dorfman, 1949, 第191页)。如果一定要为他的边际生产力分配论找到思想先驱的话,那也应该是本国的沃克尔而不是欧洲人。

其次,也是最重要的,边际生产力分配论的一个直接目的是要平息美国激烈的劳资冲突或者阶级斗争,从而消除马克思主义在美国的影响。按照马克思的理论,劳资冲突的实质在于资本家无偿占有了工人创造的剩余价值,或者说工人没有得到他们应得的报酬。而边际生产力分配论阐明了包括劳动在内的各种生产要素的所有者其实是各得其所,不存在剥削。当时美国劳工运动的声势远比欧洲为大,劳资冲突也成为美国社会面临的最棘手的问题之一。在这样的环境下,不仅激进的思想容易渗透,对资本主义来说属于颠覆性的马克思主义学说在美国也不乏支持者。1887年,《资本论》(第一卷)在美国有了第一个英译本,"剩余价值"之类的马克思主义术语广为使用,每一个阶级都应分享工业进步创造的剩余这样的观念也广为流行。比如费城的资本家、研究边际效用经济学的麦克法兰(Charles W. Macfarlane)就宣称马克思对经济学有很大的贡献。塞利格曼也认为从社会观点出发考察价值理论是马克思的首创(Dorfman, 1949)。在这种背景下诞生的边际生产力分配论,就不仅仅是一种纯理论的进步。

与联系现实的理论创新相联系的,是美国经济学家的意见经常得到政府的采纳，反映到社会经济政策中。当然，这种情况在这一时期尚不明显。到 20 世纪以后，美国经济学家可以说在一定程度上主导了美国的经济政策。这将在后面的章节中讨论。

2. 多元时代的准备

美国经济学的兴起使美国经济学家赢得了世界性的声誉，但这时的美国经济学还不足以对英国构成挑战，美国成为经济学研究的中心还为时尚早。美国经济学的兴起产生的影响更多是在美国国内，那就是为 20 世纪前 30 年美国经济学的多元时代做好了准备。

1899 年前后，美国的经济学有这样一些区别。（1）尽管 1899 年前美国的经济学同样是多元的，但有别于 1899 年后的情况。1899 年前，各种思潮汇聚在一起，虽然可以勉强划分出一些学术派别，但经济学家和经济学说之间更多的是交融，大多没有特别明显的界限。1899 年后，美国经济学形成了以克拉克及其追随者为核心的边际主义以及以凡勃伦、康芒斯和他们的追随者为核心的制度主义这两大派别。其他不同的学说围绕在这两大派别周围。（2）1899 年前后美国经济学的学术水平也大不相同。1899 年后，美国杰出经济学家的代表就不只是两个人了，在两个派别中都是如此。（3）经济学的社会影响和政策影响大不一样。1899 年后，制度主义者发起的、作为"进步运动"的延续的"制度主义运动"产生了深远的社会影响和政策影响，并一直持续到"新政"时期。这是 1899 年前的经济学做不到的。

1899 年后美国经济学的成就正是得益于我们研究的这一阶段打下的良好基础。无论是在理论成果上，还是在经济学教育、经济学期刊和文献，以及经济学家的社会声誉方面，都为下一阶段的多元时代做好了准备。

小　结

我花如此大的篇幅介绍经济学中一段并不起眼的历史,自然是因为这段历史有它的价值。正如罗尔指出的那样:

"有必要解释一下,为什么美国的早期贡献值得单独论述。美国经济学在引进边际效用研究方法方面作用并不特别显著。它所以值得我们注意,是基于另外一个事实。古典政治经济学之所以具有压倒一切的英国性质,部分地可以用英国居于现代资本主义发展的领先地位来解释。因此,一旦英国不再是惟一重要的资本主义国家时,英国经济思想的相对优越性就要下降,这是不足为怪的。同样,美国作为一个最主要的资本主义国家出现时,它提出新理论的活动也大为增加,这也是不足为奇的。……在一些重要方面,美国经济学走了一条与欧洲有所不同的道路。凡早期输入美国的经济学理论,其系统阐述都得到了改造,以符合于新的环境。后来,完全适应于美国特点的文献开始出现了"(罗尔,1981,第408—409页)。

美国经济学家为何、如何以及何时走上了这条不同于英国的道路,正是本章说明的内容之一。此外,美国经济学所走的这条道路是一条自主创新之路,为我们留下了一些可供借鉴的经验。首先,也是最重要的是,这一时期,无论是哪一派别的经济学说,都是对美国当时独特的社会经济现实的反映,都是在问题意识的驱使下得到的理论成果,而且这些理论成果都是创新的结果,而不是照搬或者简单地延续某一已有学说。其次，美国人在学习现有经济学说的时候，是结合本国实际选择学习对象，而不是盲目崇拜占支配地位的学说。第三，这一时期的美国经济学界学派林立，古典经济学、新古典经济学、历史学派这些观点相异、甚至相对立的学派都不乏支持者，但他们之间表现出极大的宽容，为美国经济学的自主创新提供了良好的学术氛围。

这一时期的美国经济学界多种分析方法、多种理论立场、多种相互对立的观点并存，但这并不影响美国经济学作为一个整体而出现。在方法上，从德国学来的历史方法、统计方法与从英法古典经济学继承的演绎方法并存，而且"所有人都承认演绎方法和归纳方法，承认从假定前提出发的抽象推理以及从历史和统计数据得到的结论，都是探寻真理的实质"（Weber, 1899, 第262页）。在理论立场上，坚持古典经济学自由放任思想的经济学家、提倡国家干预的激进派，以及边际主义者都有各自的理论阵地和代表，而且他们之间的争论也一直没有停歇过。但所有争论都表现出一种明显的意识：力图使美国经济学在世界上占有一席之地。"美国的经济学家实质上就经济学的范围、目标和方法取得了一致，相互之间的争论并不妨碍这一点，他们一心一意地关注扩大经济学知识的边界"（Weber, 1899, 第262页）。良好的学术氛围，加上力图使美国经济学取得领先地位的意识，为原创性理论的产生提供了有力的保障。

最后，美国经济学自主创新的完成，也得益于良好的学术平台的支撑。开始走上自主创新之路的美国经济学家在伊利的推动下，于1885年成立了宗旨明确的学术组织——美国经济学会（AEA）。学会的成立使美国经济学家有了一个良好的交流平台，而且它的宗旨非常明确，那就是反对极端的个体主义和自由放任，推崇历史学派的归纳方法和历史的、统计的分析，可以说为美国新一代经济学家的研究指明了一个方向。另外，19世纪末，在美国诞生了一系列经济学专业期刊，同样为经济学创新提供了平台。这些期刊为不同的理论观点以及讨论现实问题的文章提供了最充分展示的舞台，经济学家作为一个群体有了自己专门的论坛，大大提升了学术讨论的水平，从而推动了创造性思想的涌现。

第二次世界大战以后，随着"新古典霸权"在美国的确立，美国的经济学研究开始在全世界处于支配地位，美国人开始引领西方正统经济学的发展，"美国经济学"这种说法不复存在。这固然与美国经济实力的全球领先地位有关，但并不意味着经济实力的领先必然带来经济学的领先地位。正是得益于19世纪后半期的自主创新，美国的经济学和经济学家获得了全球性的声誉，为经济学理论的发展做出了突出贡献，具备了承接经济学研究中心从欧洲向美国的转移的基础和条件。经济实力的增强，助推了经济学在美国的发展；反过来，经济学的发展支持了美国经济的发展。

经济学在美国走过的道路值得中国借鉴。虽然中美两国在自然禀赋、历史文化、政治制度等方面差异较大，但19世纪后半叶、尤其是内战后，美国的经济发展和由此产生的诸多问题，与今日中国非常相似：同样是经济高速增长，同样是制造业规模不断扩大，随之而来的企业兼并浪潮使垄断组织逐渐支配了经济；同样是工业化和城市化进程中产生的贫困、犯罪、道德沦丧、贫富分化等一系列问题，引起了严重的社会不满情绪；同样是不同的社会思潮纷纷涌现，汇聚为保守和进步的两股力量。这一时期的美国与今日中国颇为相似的社会经济背景，为我们借鉴经济学的美国道路提供了可能。另一方面，美国的经济学在发展之初几乎完全照搬英法古典经济学，后来开始结合本国实际，选择性地学习欧洲的经济学说，渐渐走上了自主创新之路，最终在世界经济学界取得了主导地位。中国经济学的主流过去和现在都以学习、模仿国外经济学说为主，如何超越这个阶段，走出自己的创新之路，美国经济学的早期发展史为我们给出了现成的答案。

第 4 章

托尔斯坦·凡勃伦对正统经济学的批评

制度主义是美国经济学自主创新的标志性成果。在托尔斯坦·凡勃伦、约翰·康芒斯等人的努力下,制度主义作为美国原生的经济学流派,成为20世纪前50年在美国最有影响的经济学说。本章和下一章,我将结合凡勃伦和康芒斯的理论,将之与新古典经济学进行对比,说明制度主义在哪些方面独树一帜,从而在第二次世界大战之前的美国经济学界产生巨大的影响。

托尔斯坦·凡勃伦开创了制度主义这一理论传统和经济学流派,成为西方经济思想史上著名的非正统经济学家。在美国制度主义者中,他对正统经济学、对资本主义社会的批评最为激烈,他的理论体系与正统经济学最不能相容。他从哲学基础、基本信条和历史延续等诸方面指出了正统经济学的本质缺陷。这种批评有助于我们在对待西方正统经济学的态度上保持清醒。在经济思想史上,对西方正统经济学进行猛烈抨击,并且切中要害的著作,除了马克思的《剩余价值理论》之外，恐怕就要算凡勃伦的著作了。本章拟对凡勃伦的批评作一归纳，并结合西方正统经济学的发展，阐明他的批评在当代的有效性。

凡勃伦对正统经济学的批评

凡勃伦关于经济思想史和方法论的论文，集中体现在1919年出版的《科学在现代文明中的地位及其他论文》这一文集中（商务印书馆2008年中译本），文集收录了凡勃伦从1898年以来近20年间关于方法论和思想史的18篇经典论文。在这一文集中，凡勃伦主要从方法论的角度，对从魁奈、斯密到边际效用学派的西方正统经济学进行了批评，同时也评论了作为"异端"的历史学派、马克思主义经济学的方法和理论。

凡勃伦认为在他那个时代，科学的特征体现为实用知识，科学的这种状态是一种思维习惯，因制度和社会支配意识而得以加强（凡勃伦，1906）。在经济学中，这种思维习惯被凡勃伦称为"经济学的先入之见（preconception）"，其主要表现就是目的论和快乐主义。[①] 正统经济学的特征被凡勃伦概括为"前达尔文主义"（pre-Darwinian）的研究方法。这种研究方法的目的是进行分类，对研究对象进行定义和划分；关注事物的原因和结果之间的稳定关系，不考虑从初始原因到最终结果之间的不稳定的过程或可能的转变（凡勃伦，1908）。概言之，就是缺乏对进化的过程的分析，缺乏对积

[①] 快乐主义（hedonism）在经济思想史中常被译为"享乐主义"。这是一个不恰当的译名，因为hedonism的含义是认为人具有对快乐与痛苦进行计算、趋利避害的本能，这一含义与"享乐"没有多少关系。

累变迁序列的分析。从这一基本立场出发，凡勃伦分析了正统经济学从魁奈、斯密一直到马歇尔、克拉克的发展历程，集中批评了正统经济学的目的论和快乐主义这两个本质属性。

经济学中目的论的起源是启蒙运动时期的自然秩序思想，这一思想由重农主义者引入了经济学。按照传统的看法，重农主义第一次系统地把经济学的研究内容从流通领域转向了生产领域，魁奈的"经济表"更是天才地阐述了社会再生产过程。凡勃伦并不否认重农主义所取得的这些成就，但他却从重农主义的思想基础中看出了正统经济学的"先入之见"的源头。重农主义的自然秩序思想强调了人类生产过程中的一种物理秩序。在启蒙运动时期，多数思想都带有明显的宗教色彩，这里的"自然"与"上帝"是同义词，自然秩序就是不由人所决定的、事先存在的秩序，而且这种秩序是人们所承认并遵守的秩序。自然秩序带有浓厚的万物有灵论的特征。生产的法则就是去适应这种上天所决定了的秩序。斯密接受了重农主义的思想，在他那里，自然秩序演变成了"看不见的手"。"自然秩序"也好，"看不见的手"也好，既然它们支配着人类的经济行为，人类行为就必须以适应这些秩序为目的。这种秩序就成为了一个明确的方向，并确保了人的行为过程的连续性，存在必然的因果关系。因为最终的某种秩序是人类行为的方向，而且这一方向被认为是最好的、最有利的，从而这种目的论思想就可以不去考虑可能打断连续性的因素，比如制度因素，因为这些因素根本不可能干扰"理性"的人追求他们的最大福利。这种目的论思想在正统经济学中的最终体现就是"均衡"的观念。这个物理学中的概念引入经济学之后，目的论思想看似得到了科学的表述。但是，将人的行为，或者说人的精神活动等同于物理运动，这本身就是反科学的。而且，均衡观念更明显地表现出了目的论特征。均衡被看成一个最终要实现的最优状态，一切经济行为都是为了实现这个目的。凡勃伦指出，在马歇尔的著作中，经济体系的各组成部分迅速地实现平滑的运动，而且各部分相互关联，这是一个非常优美的状态。但是，这却是一种事后的描述，并且假定了存在一个自我平衡机制，从而预期未来的运动也具有这种特征。因此，这些优美的表述背后表现出来的，仍然是归类和定义这种分类学特征和明显的目的论倾向（凡勃伦，1900）。

目的论思想不仅规定了经济学的一般思维方式，而且还使经济学将人类行为的目标限定在利益上。凡勃伦认为在重农主义那里，自然秩序体现为生产的秩序，此后正统经济学就把生产放在了经济活动的首位。对生产和生产力的强调，其实是对人类生存所必须的营养物质的强调（凡勃伦，1899a）。物品的价值就体现在维持人类的生存这一功能中，因此在农业社会，自然（土地）是价值的最终条件；在斯密所生活的手工业社会，劳动就成了价值的最终条件。强调生产力，就使得当时的经济学体系必然最终要归结到物质手段和金钱所得上。因为对物质手段的控制是取得生产物的保证，而当生存所必须的营养物出现了剩余，通过占有这些营养物来显示身份和财富这种方式就演变成了通过对金钱所得的占有来体现"有闲"的阶级属性（凡勃伦，1899c）。在假定了所有权关系的正当性之后，物质手段和金钱所得最终为"利益"两个字所代替。功利主义成为了正统经济学的哲学基础之一，于是政治经济学被发展成为一种财富（在金钱意义上来使用这个词，将其当作要服从于所有权的事物）的科学。经济生活中事物的进程被当作一种金钱事件的序列，经济理论成为一种应该发生在完美状态下的理论，在这种状态下，金钱数量的交换不会受到干扰，也不会延迟。在这种完美状态下，金钱动机完美地发挥着作用，引导着经济人的所有行为"正直地、无差别地、坚定地以最小的牺牲寻求最大的收益"（凡勃伦，1899b，第112页）。利益成为了人类行为的唯一目的。目的论和功利主义、快乐主义联系在一起，构成了正统经济学的哲学基础。

在凡勃伦看来，快乐主义把人视为一种能够"闪电般地计算快乐与痛苦的计算器"（凡勃伦，1898，第58页）。在外力的刺激下，这些同质的"机器"机械地作出反应，没有主动的精神过程，"快乐"和"痛苦"就是他们唯一的思维活动。快乐主义的核心是功利主义。功利主义成为经济学的基本信条之后，一个结果是使经济学所关注的对象从生产问题转向了评价问题。评价是一种思维活动，环境对思维活动有着决定性的影响，但是正统经济学却恰好把环境视为静态的。正统经济学家不分析环境、或者说文化的演化及其对心理的影响，把评价当成一个机械过程，产生一个同质的结果——最大利益或最小牺牲。在正统经济学家的这种思维定式中，"人性因素就可以完全……消除，……所有制度特征也被消除了，……经济法则也逐渐成为财富和投资的各种要素……之间的代数关系的一种表达"（凡勃伦，1899b，第113页）。一旦不考虑文化、制度环境的变化，给定人的单一特性，而且这种特性本身就具有数学特征，那么经济学的数学化就非常容易。凡勃伦没有看到今天西方正统经济学中各种优美的数学模型，但他看到了这种局面得以产生的条件。正是因为以快乐主义心理学为基础的功利主义把人类的经济行为歪曲性地简化到了极限，对经济行为进行纯技术性的分析才成为可能。凡勃伦对功利主义有一个"数学化"的讽刺："用数学的语言来说，效用的生产是人类愚蠢的乐观主义的函数"（凡勃伦，1908b，第177页）。

凡勃伦并不否认经济学研究要从人的本性和动机出发，而且他自己的理论就是从他对人类本性的定义中推导出来的，但他反对用快乐主义心理学或效用主义来解释人的本性和动机。在他看来，正统经济学是前达尔文主义的，与过时的快乐主义心理学相联系，以功利主义理论作为选择标准；在这种经济学理论中，明显地包含着确定的均衡实现过程这种分类学意义上的目的论因素，不考虑非稳定的因果联系和进化过程；这种经济学从不现实的"公理"中得出错误的结论。在凡勃伦看来，正统经济学对静态的偏爱，使它不可能发展成为一种能解释因果序列中的积累变化过程的进化经济学，或达尔文主义的经济学。正因为正统经济学的静态分析属性以及它对人类本性的歪曲性简化，它只能将制度、文化等因素视为既定。比如边际生产力分配论，它虽然展示了一个各得其所的、和谐的、公平的收入分配画面，但却没有解释生产要素是如何逐渐被要素所有者所控制，即所有权制度的演变（凡勃伦，1908b）。当然，今天的正统经济学已经有了巨大的改变，制度也成为了它的一个研究领域。那么，凡勃伦的批评对于今天的西方正统经济学是否仍然有效？

凡勃伦批评的当代有效性

在凡勃伦的时代，作为现代西方经济学基础的边际效用理论仍然没有定型，边际革命也没有最终完成，西方经济学中的正统理论远不如今天这样成熟和完善，研究的范围也远没有今天这样宽泛。因此，当时的正统经济学确实为批评者留下了诸多口实。如果凡勃伦所批评的是正统经济学不完善的理论细节，那么可以认为他的批评在今天已经不再有效。但是，凡勃伦的批评深刻之处就在于他所攻击的是正统经济学的哲学基础和思维方式。理论细节可以不断补充和修正，但哲学基础和方法却是相对不变的，即使有所变化，它的基本精神和态度也是稳定的。这样，要评价凡勃伦的批评在当代是否仍然有效，就要看西方正统经济学的基本价值标准在今天是否已发生了本质的变化。

凡勃伦之后，西方正统经济学取得的重大进展大致可以概括为以下一些思想史事件：20 世纪 30 年代边际革命的完成；① 同一时期"凯恩斯革命"的兴起及其后的扩散；希克斯、萨缪尔森等人对主流经济学的系统化、模型化；新自由主义向古典自由主义的复归（其中包括了货币主义、理性预期学派和新古典制度经济学② 的出现和扩散）；计量经济学方法、博弈论方法和其他数学方法的广泛运用。经过这些事件，西方正统经济学已经形成了一个完善、精巧的分析体系，并且其研究范围也拓宽了，制度、政府、文化等因素都已经被纳入了它的分析框架。但是我们也看到，尽管正统经济学不断出现政府与市场之争，不断处于"革命"与"反革命"的学派更替之中，但它的基本价值取向和分析前提并没有发生本质的变化。

西方正统经济学是建立在两个基本前提之上，一个是对人类与非物质环境的关系的判断——"经济人"前提，一个是对人类与物质环境的关系的判断——稀缺性前提。"经济人"是理性的化身，

---

① 关于边际革命完成于何时，在思想史上没有统一的看法。笔者倾向于同意边际革命完成于 20 世纪 30 年代。因为正是在 30 年代，罗宾逊夫人和张伯伦提出了垄断竞争理论，使厂商理论基本定型；俄林提出了要素禀赋理论，将边际效用分析扩展到了国际经济领域；边际效用方法延伸到了凯恩斯的宏观经济分析中。因此，到 30 年代，边际主义才涵盖了主流经济学的所有研究领域，边际革命才最终完成。另外，这种定义的一个好处是，可以用"边际革命的完成"这一个事件来概括上述诸多事件。当然，"凯恩斯革命"另当别论。

② 我在这里用"新古典制度经济学"来指代"新制度经济学（New Institutional Economics）"，以区别于遵循凡勃伦传统发展起来的另一个"新制度主义经济学（Neoinstitutionalist Economics）"。

是个体主义方法的体现。作为"经济人"的个人，不管他的理性是否是有限的、他的知识是否是完备的、他的信息是否是完全的，他的目标都是个人利益最大化。他与非物质环境间的关系唯一地建立在利益这个纽带上，个人间的关系被极度简化为利益关系，而且在本质上，这种利益关系是凡勃伦所说的"金钱的"关系。利益最大化是个人行为的最终目标，这个目标并不由非个人的、非"金钱"的因素来确定。在目标确定的情况下，结合表述人与物质环境间关系的稀缺性前提，个人行为就只是如何做出配置方面的决策的问题了。这种思路排除了环境变化的过程分析，而这个过程恰好会对个人行为，以及个人行为据以发生的个人思维方式产生决定性的影响。正统经济学的这种思路仍然是假定了原因和结果之间的稳定关系：只要给出收入水平，就能找到消费者行为的均衡点；只要知道价格变动的方向，就知道消费者均衡变动的结果……但是，消费者收入水平与财产占有间的关系如何解释？价格变动会不会由凡勃伦所说的"有闲阶级"的生活态度或其他的制度因素所决定？正统经济学当然不关心这些问题，因为它已经轻松地将这些问题当作"其他条件"而假定为不变的了。有一个确定的行为目标和变化方向，因果之间有一个稳定而连续的关系，经济现实机械地向着某一点运动，如果没有外力干扰，均衡就是一个常态。这些显然是典型的目的论思维。至于快乐主义和功利主义，只要它们仍然是经济学的基本信仰，只要"经济人"仍然是经济学的基本前提，凡勃伦所批评的这个心理学基础就永远不会被正统经济学所抛弃。反过来说，抛弃了这个心理学基础，正统经济学也就不会存在了。

  凡勃伦的批评在今天所碰到的一个挑战是新古典制度经济学的兴起。凡勃伦等美国制度主义者之所以得名，就是因为他们认为经济学应该将制度问题纳入分析范围，而缺乏制度分析正是当时经济学的一个缺陷。但是在今天，制度分析不仅被纳入了正统经济学的分析框架，而且还迅速成为了热点，包含了交易成本理论、制度变迁理论、企业理论、产权理论，甚至公共选择理论的新古典制度经济学发展的速度和受欢迎程度，可以说远远超出了过去的历次西方经济学"革命"。在这种环境下来评价凡勃伦的批评，就要看新古典制度经济学的本质特征是否符合凡勃伦对正统经济学缺陷的定义。

道格拉斯·诺思（Douglas North）的理论集中反映了新古典制度经济学对制度、制度变迁的解释，其理论可以概述如下：制度是一种行为规则，它的作用在于降低交易成本；制度变迁主要起因于相对价格的变化，具有连续性和渐进的特征；制度变迁的方向可能会被"锁定"在低效率的路径上，产生"路径依赖"；文化、意识形态和国家是制度变迁的内生因素（诺思，1990）。这一制度变迁理论以新古典经济学的"经济人"假定为出发点，用个人选择来解释制度的变化。由于相对价格的变动，理性的个人要去追求这种变化带来的获利机会，通过得失的计算，他们决定是否变革现有的制度。如果新制度的收益大于制度变迁的成本，制度变迁就会发生。由此形成的新制度降低了交易成本，在相对价格不再变动的情况下，现有的制度均衡状态就会保持。由此可见，在诺思的制度变迁理论中，快乐主义和目的论仍然很明显：决定制度是否发生变化的，是功利主义的行为；制度的变化同样是以达到均衡状态为目的。诺思的制度变迁理论之所以受到正统经济学的推崇，主要在于他的理论涵盖了正统经济学不能包容的历史、文化、道德等因素。但是诺思在以上问题的分析中恰好避开了新古典经济学的方法："路径依赖"现象是历史的结果，尽管他强调利益对比是形成"路径依赖"的主要原因(诺思,1990),但是如果没有政治的压力,没有文化和习惯的力量,纯技术性的"路径依赖"又从何谈起;如果说个人"选择"了一种习俗,那就未免过于夸大了个人的力量,淡化文化和传统这些集体的、历史的力量在习俗、道德观念形成中的作用,恐怕除了西方正统经济学以外,任何人文学科都不会赞成这种方法。正统经济学意识到了制度在经济中的重要作用,这本是一次扩展其视野的契机,但由于其"先入之见"的根深蒂固和强势者的优越心态,反而歪曲了对制度的解释。在这里,凡勃伦的批评并未失效,正统经济学在制度分析上的表现,反而衬托出这一学术传统对相关学科的发展置若罔闻的狭隘。

凡勃伦对正统经济学的批评在当代的有效性说明了正统经济学的固有缺陷直到今天也没有得到弥补。但以新古典经济学的基本前提和理论为基础的正统经济学到今天所取得的巨大发展却也是不容否定的事实。我们又如何来看待一个存在本质缺陷的理论在经济学中"至高无上"的地位?

西方正统经济学虚假繁荣的原因

在凡勃伦看来,科学的经济学应该是进化的科学。因为经济行为的根本是人与据以为生的物质手段之间的关系,因此经济学"必然……考察物质文明生命史。……考虑物质文明的演变,考虑它与其他阶段的关系,以及与文化复合体的关系;都要考虑其他类型文化的发展对它的影响,以及它对其他类型文化的影响"(凡勃伦,1909,第186页)。这样,凡勃伦所理解的经济学就要包括历史学、心理学、社会学、人类学的研究领域,要包括对所有直接影响物质生活的领域的研究。其实这也是所有人文科学本来就应该包含的研究范围。但是，正统经济学将人的本性限定在一个狭小的空间中，将人的行为动机极度地简化，从而不可能吸取其他相关学科的研究成果。而就是这个扭曲了人性的正统经济学，却已经建立了自己的霸权地位。因此，我把西方正统经济学这种缺乏根基的繁荣视为虚假的繁荣。这一现象的产生，大致可以归结为两个原因。

第一个原因可以用凡勃伦的理论来解释。在他对"有闲阶级"制度的形成的解释中，他阐明了一种思维习惯或制度一旦经由历史的发展而形成，无论它是否会增进人类的整体福利，它都会产生一种强制力，社会成员会被迫或自愿地采纳该制度或遵循该思维习惯（凡勃伦，1899c）。另一方面，制度形成的同时也产生了一个既得利益集团，如果违反这个集团的意愿，个人就将遭受利益上的损失，反之，向这个集团靠拢就会带来等级社会中所尤其重要的身份、地位和金钱上的利益（Veblen, 1923）。正统经济学作为一种思维习惯而在西方经济学界取得了支配地位后，人们的意识便不由自主地为其所控制，只要违背它的思路就被视为异端。为了加强自己的支配地位，填补体系中的漏洞，它甚至断章取义地从批评者的学说中截取对自己有利的表述。[①]在这种形势下，遵循正统经济学的思路，归顺正统经济学阵营就成为经济学家当然的"利益最大化"选择，他们也就成为了维护这种思维习惯的强大力量。当然，我们不能否定西方正统经济学在许多方面的成就和贡献，尤其是它精巧的分析技术，但只要它仍然坚持快乐主义、功利主义的哲学基础，仍然坚持"经济人"的基本假定，它所包含的

[①] 这一点上，凡勃伦自己就是一个例子。他对"有闲阶级"的消费方式的分析本来是对这一制度、对正统经济学的消费理论的一个批判，与正统经济学完全不相容。但他的分析却被正统经济学以"凡勃伦效应"为名"补充"进了其消费理论中，而根本不提凡勃伦的批判本意。

思想就永远不可能具有说服力，只会留下辩护的烙印。

第二个原因在于批评理论本身。西方正统经济学的成功，很大程度上靠的是它完善的分析工具。尽管它存在本质的缺陷，但其他批评理论也无法取代它的地位，很大程度上是因为批评理论本身也存在各种缺陷。以凡勃伦的批评为例，虽然他指出了正统经济学的固有缺陷之一是不现实的心理学假定，即"经济人"，但他的理论本身也是从一系列人性假定出发。他把人的本性概括为六个方面（Veblen, 1914），从这六种人性引出了社会的发展过程、制度的形成与演变、技术的决定作用、制度对技术进步的阻碍等理论。他强调经济的进化特征、过程特征，这是正统经济学所缺乏的，但是他的理论同样是建立在脆弱的心理假定前提下。在理论根基上，二者并没有优劣之别，只不过凡勃伦的心理假定包括的范围更广而已。更重要的是，尽管凡勃伦指出了经济学应该包括更广泛的研究对象，但用什么样的技术来对文化、道德等因素进行分析，这不仅是凡勃伦本人没有解决的问题，而且凡勃伦传统的理论发展到今天也仍然没有形成完善的、足以与正统经济学相抗衡的分析技术。

西方正统经济学在哲学基础和分析前提上的缺陷是不争的事实，但它在各国正在成为制定政策的主要依据也是不争的事实。在这种情况下，借鉴其有用成分的时候就必须对它的本质缺陷有清醒的认识，尤其是要看到在它的理论中无法包含文化传统、意识形态等因素。概言之，就是要区别它的应用环境。更重要的是，思想的力量很大程度上来自它的批判性，而西方正统经济学的辩护意义远远大于它的批判意义。面对这样一种思想的时候，价值判断是必不可少的。凡勃伦的批评在今天的意义，恐怕就在于让我们认识到不为任何一种强势思维所左右的独立的批判精神的价值。

第5章

制度主义中的"康芒斯传统"

约翰·R.康芒斯作为制度主义的代表人物之一,是一位众所周知的经济学家,但多数人并不熟悉他的理论体系。威廉姆森(Oliver E. Williamson)也认为康芒斯是一位"对经济组织有着深邃见解,但除了少数制度经济学核心人物外,并不为人所知的经济学家"(威廉姆森,1985,第10页)。国内对康芒斯的一般认识是,他在制度经济学中强调法律问题,他的理论被称为制度经济学中的"社会法律学派"(傅殷才,1996),这种认识过于简化了康芒斯的思想。除了在经济思想史和流派的著作中,国内很少有人系统研究康芒斯的理论。仅有的一些文献(比如邹薇,1996)也多少存在某些问题:未能反映康芒斯思想体系的全貌,没有把康芒斯的学说放在制度主义理论体系的大背景下来研究。

康芒斯的著作一向被认为晦涩难懂,因为在康芒斯的著作中,他旁征博引,穿插了大量看似不相关的内容,从而显得缺乏系统性。

但如果抛开康芒斯的某些论述，就可以从他的思想中归纳出一个制度变迁理论。本章的目的首先是提炼康芒斯的制度变迁理论，然后通过康芒斯与凡勃伦的对比，把康芒斯的思想放在制度主义发展史中来研究，分析康芒斯的思想在多大程度上被后来的制度主义者所接受，制度主义中的所谓"康芒斯传统"是否存在。

交易、业务规则和运行中的机构

康芒斯的著作中穿插着大量的实例和对他人学说的评论，同时详细论述了一些对于制度变迁理论来说似乎不必要的问题，比如财产观念的转变。下面我从他繁杂的论述中提炼出一个制度变迁理论，首先从一些基本概念开始。

康芒斯把"交易"（transaction）作为分析的基本单位。他认为交易是"个人与个人之间对物质的东西的未来所有权的让与和取得"，是"所有权的转移"（康芒斯，1934，上卷第74页）。但是，交易并不是康芒斯的分析目的。因为交易行为和方式要决定于"社会集体的业务规则（working rules）"，"权利的转移，必须按照社会的业务规则先在有关方面之间进行谈判"（同上，第74页）。从而，要理解交易行为，就必须对业务规则的产生、进化和功能进行分析。

那么，什么是业务规则？它是"表示一切集体行动所共有的那种因、果，或目的的普遍原则"（同上，第89页），简言之，就是一种行为准则。业务规则最典型的特征是随时间和环境而不断变化，它是参与集体行动的个人的共同指导原则，但在不同的时间和不同的环境中又表现出差异性。康芒斯特别关注法律中的业务规则，他认为业务规则在美国最高法院的用语中叫做"正当程序"（due process）①。业务规则的功能是对个人的行为进行限制，也就是规定他们能、不能、必须、必须不、可以或者不可以做什么。

另一方面，业务规则并不是孤立地存在，它要对应于特定的组织或者集体行动。交易的三种类型——买卖的、管理的和限额的交易——结合在一起，构成的组织就是业务规则发挥作用的场所。这种组织叫做"运行中的机构"（going concerns）。业务规则使这种组织运转不停。

这种由业务规则所维系的组织，就是制度。"我们可以把制度解释为控制个体行动的集体行动"②（康芒斯，1934，上卷第87页）。但制度不仅仅是运行中的机构，除了有组织的运行中的机构之外，还包括"无组织的习俗"。制度对个体的行为的控制，目的是给行动者带来利益，因此，集体行动除了控制个体行动之外，还会解放和扩展个体行动。这样，制度的完整定义就是"控制、解放和扩展个体行动的集体行动"（同上，第92页）。

交　易

康芒斯之所以把交易当作制度经济学分析的基本单位，是因为他的理论的出发点是稀缺。在把稀缺性作为经济学的前提这一点上，康芒斯与正统经济学是一致的。但是，康芒斯从稀缺性中引申出来

---

① 《制度经济学》的中译者将这个概念译为"合法程序"。这种译法不够准确。因为康芒斯经常是在"due process of law"，即"法律的正当程序"的意义上来使用这个概念的，而且，康芒斯还有"due process or law"（Commons, 1924, 第63页），即"正当程序或法律程序"的用法。因此将这个概念译为"合法程序"是不准确的。

② 《制度经济学》的中译者将这句话译为"集体行动控制个体行动"，这种译法描述的是一种行为，而不是对名词的定义，因此本书将这句话译为"控制个体行动的集体行动"，强调制度就是一种由业务规则维系的集体行动。后面提到制度的定义时，我们都采用这种译法。

的是交易关系,而正统经济学从稀缺性中引申出来的是市场机制对资源的配置。

经济行为的目的是要获得最大的净收入,这里包含了净收入的扩大和分配两方面的问题。净收入的扩大是通过生产实现的,这是"工程经济学"研究的内容,也就是人与物的关系。而净收入的分配就是排他性地占有资源,这是通过交易来实现的,交易是人与人之间的关系。如前述,康芒斯认为交易就是所有权的转移。人们之所以要转移所有权,是因为所有权具有预期的稀缺性这个特征。交易的目的是将别人需要的有限资源排他性地控制在自己手中,供自己使用。交易不能扩大社会的总的净收入,但是可以扩大个人的净收入。研究人与物的关系的"工程经济学"以商品或者价格为单位,而研究人与人的关系的"制度经济学"就以交易为单位。或者说人与人的经济关系可以完全概括在"交易"这个行为中。

由于交易扩大了个人的净收入,但不增加社会总的净收入,人与人之间就必然存在冲突。把交易作为经济学的基本单位,就意味着把社会视为冲突的,而不是和谐的。这样,虽然康芒斯与正统经济学有着共同的分析前提,但对社会的理解却是完全相反的——(当时的)正统经济学是在和谐的世界里研究人与物的关系。正因此,"政治经济学这门科学起源于利益的冲突,以及人们要把利益冲突改变为一种理想主义的利益协调的努力。经济冲突变成政治冲突或战争,这都是由于稀少性而起"(康芒斯,1934,上卷第135页)。

交易意味着冲突,但交易也表明交易者之间是相互依存的,因为单个人是无法完成交易的,交易是参与者之间相互的行为。交易活动其实是一种选择行为,是交易者在实际的交易和下一个最好的潜在的交易之间作出选择。通过选择,交易者获得一个剩余,这个剩余是实际的交易的结果与潜在的最好的交易的结果之间的差额。如果没有剩余，交易者是不会进行交易的。也就是说，一个交易必须至少由两个选项构成。由于存在两个选项，一个交易的参与者就至少是四个个人：实际交易中的买者和卖者、潜在交易中的买者和卖者。这四个交易者相互依存。

但是，交易者的相互依存并不能保证交易的秩序，因为他们在利益上是冲突的。因此，"如果交易要和平地进行，不受暴力的扭曲，在交易中就必须要有第五个参与者，……他能够在五个参与者所属的集团的集体权力的帮助下判决和处理纠纷"（Commons, 1924，第67页）。这第五个参与者可以是任何运行中的机构的成员，他判决和处理纠纷的方式由运行中的机构的业务规则所规定。这样，根据业务规则的不同，康芒斯把交易划分为三种形式：

买卖的交易（bargaining transactions）。这是在法律上平等的个人之间进行的交易。当他们产生争议的时候，司法当局按照法律判例中形成的惯例来判决[①]。在买卖的交易中，交易者获得的机会的多少、竞争的激烈程度，以及各自的讨价还价能力决定着交易的结果。交易者虽然在法律上是平等的，但在经济上却可能不平等，因此，买卖的交易的特征是"劝诱和强迫"，经济上平等的交易者之间就是劝诱的关系，而经济上不平等的交易者之间却是强迫的关系。买卖的交易的目的是财富或者净收入的分配。

管理的交易（managerial transactions）。这是在法律和经济上都不平等的参与者之间的交易，是上级发布命令，让下级行动的交易。

[①] 康芒斯制度经济学中对法律问题的分析是以英美法为对象，没有涉及大陆法。因此在他的理论中，法庭的判决依据是先前的判例，而不是法典。

由于交易双方在经济和法律上都不平等，管理的交易的特征就是"命令和服从"。康芒斯认为管理的交易的目的是财富的生产，劳资关系就是典型的管理的交易。这种交易以效率作为一般原则。管理的交易中的纠纷或者争议仍然要由司法当局来解决。司法当局的业务规则倾向于哪一方，在争议的判决中就显得非常关键。康芒斯毕生从事的工作，都可以归结为为劳动者、或者管理的交易中的"下级"争取一种"合理的"业务规则。

限额的交易（rationing transactions）。这种交易的参与者在法律上同样是上下级关系，只不过法律上的上级不仅命令生产财富，还指定和分派财富生产的负担和利益，或者说财富和购买力是通过配给来分配的。限额的交易的特征是强制。在限额的交易中，权力和主权体现得最为明显。

在这些不同的交易形式中，相互依存的参与者之间的争议和纠纷是不可避免的，之所以要有"第五个参与者"，之所以要有业务规则，就是要在冲突的个人关系中创造秩序，从而使社会有序地运行。这样，每一个交易中都包含了三种社会关系：冲突、依存和秩序。"各有关方面，由于那普遍的稀少性原则，被卷入一种利益的冲突中。然而他们相互依赖，把对方需要而没有的东西的所有权相互让与。这里的运行法则不是一种注定的利益协调，……而是它实际上从利益冲突中造成一种可以行得通的财产和自由的相互关系和有规则的预期。因此，冲突、依存和秩序成为制度经济学的范围"（康芒斯，1934，上卷第113页）。

业务规则

交易的类型取决于业务规则的类型。业务规则是"我们能在心理上从所有个人行动的集体控制中发现的通常的原则,或者类似的因、果、目的的原则"(Commons,1996,第463页)。业务规则规定了交易者的行为,"它们指出个人能或不能做、必须这样或者必须不这样做、可以或不可以做的事"(康芒斯,1934,上卷第89页)。

业务规则对交易者的行为的规定,是对交易者行为的控制,但另一方面,交易者的行为也可能因为业务规则而得到解放和扩展。在这里,康芒斯通过业务规则的概念,把集体行动、经济状态和社会关系结合在一起:

如果个人在业务规则下"能"做某事,就意味着集体行动赋予了他行动的能力,在经济上他就处于一种"安全"的状态,在社会关系中,他拥有某种权利。但当交易的一方"能"做某事时,就意味着交易的另一方"必须"或者"必须不"做某事,在集体行动中,他就承担了某种责任,处于"服从"的经济状态,在社会关系中有某种义务。

如果个人在业务规则下"不能"做某事,就意味着集体行动使他"无能力"(disability),处于"暴露"(exposure)的经济状态下,在社会关系中"无权利"。但对交易的另一方而言,在这种情况下,就意味着他"可以"做某事,集体行动就给予他一种"特许"(privilege),处于"自由"(liberty)的经济状态下,在社会关系中"无义务"(immunity)。

这样,业务规则就规定了交易者的经济关系、法律关系和社会(道德)关系:交易一方的"安全",意味着另一方要"服从";一方有"权利",另一方就要承担"义务";一方处于"自由"状态,另一方相对而言就处于"暴露"状态。

更重要的是,业务规则确立了权力的分配,有权力的一方就是安全的、有权利的、自由的；无权力的一方就要服从、承担义务、处于暴露状态，可能受到对方的自由的伤害。如果双方权力相等，自由和暴露就交互作用，就是买卖的交易；如果双方权力不等，一方就有权利命令，另一方则有义务服从，一方是自由的，另一方完全暴露，就是管理的或者限额的交易。权力的分配决定了交易者的地位，"集体的机构给他树立了（1）'安全'或可靠的预期，同时他相应地要求其他当事人（2）'服从'或符合这些预期。如果法庭或仲裁人不给予集体制裁的帮助，一方当事人就可以（3）'自由'随便自己怎样，而另一方就（4）'暴露'，可能受到损失，损失的多少将决定于对方运用那些自由的程度"（康芒斯，1934，上卷第100页）。

在特定业务规则的规定下，交易者要在不同行为中进行选择，选择取决于自己在交易中的地位。交易者有三种可能的选择："履行"（performance）、"避免"（avoidance）和"克制"（forbearance）。履行就是运用集体行动赋予自己的能力，避免是向最佳的而不是较次的方向运用这种能力，克制是不运用全部能力。因此，履行是实际做出的行动，避免是放弃另一种同时可以采取的行动，克制是对履行的限制。交易者采取哪一种行动，完全取决于业务规则的限制。

综合交易和业务规则两个概念，可以看出，康芒斯把人与人的关系放在交易这个范畴里来分析。人与人之间的所有经济关系都可以概括为交易关系，而且交易关系还反映了人与人之间的法律关系和道德关系，所有这些关系都由业务规则来规定。业务规则是集体行动的行为准则。交易者"能"或者"不能"采取个人行动，意味着集体行动会或者不会向他提供帮助；交易者"必须"或者"不必须"采取个人行动，意味着集体行动会对他进行强迫；交易者"可以"或者"不可以"采取个人行动,意味着集体行动会或者不会对他提供保护。所有这些控制、解放和扩展个人行动的集体行动,就是——制度。

运行中的机构和制度

各种类型的交易通过业务规则组织在一起,就构成了"运行中的机构"(going concern)。

交易虽然是在一个时点上发生的,但交易会从一个时点运动到另一个时点,这是一个过程。这个过程包含了物质的生产和消费的过程,包含买卖、借贷、命令和服从这样的商业过程,这些过程根据业务规则来进行。"物质过程叫做'运行中的工厂'(going plant),商业过程叫做'运行中的商业'(going business),两者结合起来就叫做'运行中的机构',它由对自然力的行动和反应,以及根据所接受的规则进行的人类之间的交易组成"(Commons, 1924,第 8 页)。

运行中的机构就是一种集体行动,它其实与"组织"是相同的概念,只不过组织是"消极的、不活动的概念",而运行中的机构则是"积极的、活动的概念"(康芒斯,1934,上卷第 86 页)。这两种含义的概念共同构成了"制度"。此外,康芒斯也明确指出:"社会制度是一种有目的的运行中的机构"(康芒斯,1934,下卷第 273 页)。因此我们从制度的意义上来解释运行中的机构。如前述,制度包含了无组织的习俗和组织化的运行中的机构。

早在 1899 年发表的一篇长文"主权的社会学观点"中,康芒斯就已经形成了运行中的机构的思想,尽管当时他还没有使用这个名称,而是称之为制度。他认为,制度是"一代一代传下来的,塑造着每一个人的明确的、被接受的相互关系的模式"（Commons, 1996, 第 72 页）。一个制度"首先有一个被接受的信仰体系，它塑造并丰富个人来自幼年时期的愿望；第二，制度是用来满足这些愿望的物质产品的集合；第三，制度是使一个人与另一个人联合在一起的组织"（Commons, 1996, 第 72 页）。这样，信仰体系、物质产品和组织就是制度的构成要素。

制度有三方面的功能，"首先，作为教化者，制度通过教育和以信仰的形式进行的劝说，塑造个人的特征；第二，作为组合的劳动（fellow-works），制度将自然转变成物质产品，满足这些信仰；第三，作为仲裁者，制度安排个人在社会组织中的地位"（Commons, 1996, 第 76 页）。可见，制度就是具有相同信仰（这种信仰本身又是由制度塑造的）的个人组织在一起，提供和分配物质产品，对物质产品的提供和分配是在一种秩序下进行的。制度的目的其实也就是创造秩序。制度对秩序的创造和维持是通过制裁来完成的，制裁包括强迫和劝诱。这些制裁是通过业务规则来执行（虽然在 1899 年康芒斯还没有使用业务规则的概念）。具体说来，制裁包括以下几种类型：（1）"身体的制裁"（corporal sanctions），它的基础是身体处罚的预期，比如死亡或者肉体的痛苦，以及在不服从的情况下进行的拘禁；（2）"剥夺的制裁"（privative sanctions），它基于物质处罚的预期，比如剥夺财产、解雇等；（3）"酬劳的制裁"（remuneratory sanctions），基于物质奖励的预期；（4）"非难的制裁"（reprobatory sanctions），基于社会处罚的预期，比如社会谴责、社会排斥等；（5）"承认的制裁"（approbatory sanctions），基于社会的奖励（Commons, 1996, 第 84 页）。

所有这些制裁可以归结为三种：物质的、法律的和道德的制裁。

根据制裁的不同类型，或者业务规则执行的不同方式，所有社会组织（静止意义上的运行中的机构）就分为三类：经济组织，比如工厂、公司等，法律组织，比如法庭、最高法院，社会道德组织，比如教会。另外，有的组织可能兼有几种制裁方式，比如家庭。

这样，交易通过业务规则结合成运行中的机构或者制度后，康芒斯的分析对象或者分析单位就不再是交易："法庭建立了一个个人和社会相结合的概念，即运行中的机构，它作为一个单位而行动，虽然它是强加给个人的，赋予个人许多法律上的特征。……当我们客观地、不带偏见地考察个人主义的快乐和习惯时，我们必然认识到经济理论真正的单位不是个人，而是由……交易中的个人组成的运行中的机构"（Commons, 1996, 第335页）。

可见，康芒斯的理论最终的落脚点是运行中的机构，或者说就是制度。以上是康芒斯理论体系的核心概念和基本思路。剩下的问题是，业务规则是如何产生和变化的？在业务规则的变化中，它与运行中的机构发生什么样的相互关系？怎样通过业务规则和运行中的机构的变化来推动社会进步？这些问题构成了康芒斯的制度变迁理论。

康芒斯的制度变迁理论

业务规则决定了交易的类型，并将它们结合在一起，构成了运行中的机构。作为集体行动的运行中的机构控制、解放和扩展个体行动。在康芒斯的这个逻辑中，业务规则占据最核心的地位。业务规则的产生、发展，以及因此带来的运行中的机构或者集体行动的发展、变化，就是康芒斯的制度变迁理论。

制度的起源

每一个制度变迁理论的起点都是制度的起源问题。早在1899年的"主权的社会学观点"中，康芒斯就已经形成自己的制度变迁理论的雏形。康芒斯把制度的起源归结为两方面：自我意识（self-conscious）和强迫的社会关系（Commons, 1996, 1924）。

康芒斯认为，人具有突出的自我意识，这种自我意识包括人的感情和自我知识，外部环境的变化导致自我意识的发展，因此自我意识是一个过程（Commons, 1996）。如前述，康芒斯的理论是以资源的稀缺性为前提的。在稀缺的状态下，有自我意识的个人认识到他需要依赖于其他人，也就是说必须和其他人发生关系。这种关系表现为有必要去获得和占有其他人拥有或可能拥有的对象。这种获得和占有的对象首先是神物，然后是工具、野生动物。"这里有了自我意识的第一次萌芽"（Commons, 1996, 第79页）。然后，随着武器和工具的缓慢发展，导致人口的增加，新的占有对象越来越多。

在自我意识的驱使下，在占有方面，"社会制度作为私有财产而起源"（Commons, 1996, 第80页）。但是，自我意识不是孤立的，它要受到外部环境的影响。"社会集团的压力塑造初始的个人愿望和能力，明确地使人们容易受到公共观念的影响，从而每一个作为成员的个人在每一个社会制度中扩展他们的能力的教育。这些成为了它们的信仰"（Commons, 1996, 第73页）。信仰是社会教育的产物。相同的个人信仰结合成社会的信仰，成为"社会的精神"。先前因为自我意识而产生的制度——私有财产制度，由社会所默许，产生了社会的或者道德上的正确性，而国家的进一步发展赋予了制度法律上的正确性。也就是说，制度虽然是自我意识的产物，但是由于稀缺，自我意识推动的行为产生了冲突，对社会构成了威胁，这时就必须对自我意识驱使下的行为进行制裁，于是强迫的社会关系引入到了制度中。

这样，自我意识产生了制度，或者说制度是自然选择的产物。但另一方面，制度又被人为地赋予了正当性或者合法性。于是，康芒斯避免了制度是自然选择的结果还是有意识的设计这个问题，将二者结合在一起。

制度变迁

在相同的社会环境下，自我意识是无差别的。这就意味着由自我意识而产生的制度最初是无差别的。但为什么现实中的制度却是千差万别？原因是强迫的社会关系的不同。强迫或者制裁的方式（或者业务规则）的差别导致了制度的差别，强迫或者制裁的方式的发展，也就是制度变迁的过程。

"强迫是有决定权的个人通过外部的物质的或者身体的苦难而施加力量，让别人服从某种方式而产生的命令、表达或者默许"（Commons，1996，第87页）。为什么需要强迫？因为人口增长，从而导致生存的冲突越来越激烈。冲突反映为争夺控制权的冲突。控制权由私人来执行的时候，表现为私有财产；而控制权由公共官员来执行的时候，就是主权（sovereignty）。控制权是一种权利，同时，拥有控制权也表明一种权力，即排他性地占有某种对象的权力，或者从别人那里扣留（withholding）某种对象的权力。

在最初阶段，控制权是由私人来执行的。当一个人以暴力、征服等方式将控制权集中到自己手中，他成为了君主。这时候的控制权表现为物质的权力，这是一种暴力的权力。这时候的业务规则更多地是君主指定的各种社会特权,"这是封建主义阶段最主要的、公认的权力形式"(Commons, 1924,第63页)。"从特权中产生了公司条例,特权产生了运行中的机构,它作为一个单位而行动,从特权中产生了引导业务的特殊的待遇"(Commons, 1924,第178页)。也就是说,通过物质的权力表现出来的控制权,以特权的分派来进行强迫或制裁,产生了相应的制度(运行中的机构),这些制度通过特定的业务规则——只允许一部分人享有权利和自由——把交易组织起来。

在封建主义时期,行会是由封建主赋予一定特权的一个运行中的机构,它有自己的业务规则,它请求政府协助自己的业务。随着市场和商业的发展、人口的增长,生产的目的已经超越了军事用途,行会当初享有的特权逐渐演变成分配中的一种排他性权利。资本主义开始出现。君主的物质权力受到"正当程序或法律程序"(正当程序或法律程序本身的变迁将在下面论述)的管制,经济权力替代了物质权力,也就是从别人那里"扣留"自己所需但又不属于自己的财产的权力。这时的资本主义寻求控制政府,渐渐地,它的请求成为了它的权利。强迫或制裁的方式从特权的分配转变为议价,相应地,特权组织或者运行中的机构就转变为资本主义的各种运行中的机构,在经济领域,就是公司等组织形式。虽然强迫和制裁的方式不再表现为特权,但控制权仍然有集中化的趋势,那就是垄断(Commons, 1924, 1996)。

以上是财产控制权上表现出来的权力的形式的转变引发的制度变迁。但是,"强迫仅仅是对社会关系进行控制的一种手段,同样的手段还有……习俗"(Commons, 1996,第90—91页)。习俗(customs)的变化是康芒斯更为强调的制度变迁的表现。习俗是"强迫性的法则"（康芒斯，1934，下卷第 201 页），它的原则是"强迫的相同性，它诱使个人遵从标准"（同上，第 367 页）。

对习俗的解释在康芒斯的理论中占有重要的地位，尤其是在《资本主义的法律基础》中，康芒斯在很大程度上就是在解释习俗的变化与习惯法从而资本主义法律的发展演变。首先，康芒斯区分了习惯（habits）、共有惯例（common practices）和习惯法（common law）。"习惯是个人的惯例，……共有惯例是观念的压力，……习惯法是通过物质的处罚和政府的豁免而受法庭保护的惯例，法庭认可某种惯例，排斥不被认可的惯例"（Commons, 1996，第 332 页）。习俗是"作为习惯法而出现"（Commons, 1924，第 302 页）。习俗来自过去的经验，人们靠它来计划未来的行为，因此，习俗能够给人们带来预期的安全，所以它存在于人类社会中。但是，习俗是有差异的，有好有坏，而且可能相互冲突，因此就必须在习俗中进行选择。"人们必须选择认可什么样的习俗，谴责什么样的习俗，而什么样的习俗又应该放任不管"（Commons, 1924，第 300 页）。由于习俗有好有坏，有的被认可，有的被谴责，习俗就具有了强制力：对遵守习俗的人提供保护，对违反习俗的人进行制裁。

由谁对习俗进行选择呢？既然习俗是"作为习惯法而出现"，习俗的选择者就是立法者。立法者通过习俗的选择就发现和创造了法律——"发现是选择所希望的习俗而反对所不希望的习俗；创造是选择方向，在所选择的方向上，国家权力将反对那些违反所希望的习俗的人，或者那些实行所不希望的习俗的人"（Commons, 1924，第 300 页）。由于政治、经济和文化环境的差别，以及政府的差别，不同社会，或者不同的"运行中的机构"对习俗的选择也就不同。习俗不断变化，从而它的强制力也就不断变化。正是在习俗本身的变化和对习俗的选择的变化中，业务规则发生了变化，从而运行中的机构或者制度的变迁也就发生了。

康芒斯对习俗的强调还包含了另一层意思：私人财产既不是自然的，也不仅仅是主权的产物，不是根据主权的命令而以任何方式改变的东西。作为一种习俗（或者说制度），私人财产的存在一方面是自我意识的产物，另一方面是人类选择的结果；而作为一种习俗，私人财产不是主权所安排的，是过去经验的产物（Commons, 1996）。

综上所述，康芒斯的制度变迁理论其实是集体行动的强制力由谁来执行的问题，随着执行者的转变，制度变迁也就随之发生。自我意识产生了私有财产制度，这是个人对某种对象的占有和"扣留"；占有和"扣留"的权力通过暴力、征服等方式集中到一个人手中后，强制力表现在特权的分派上，君主成为强制力的执行者，产生了封建主义的业务规则和运行中的机构（制度）；特权的不断分散使得强制力在议价中得到体现，资本主义的业务规则和运行中的机构产生，同时议价的权力逐渐集中。另一方面，习俗也是一种强制，其强制力可能由一个阶级来执行，或者通过法律的认可而由立法者来执行。习俗本身的变化和选择的变化导致业务规则和运行中的机构（制度）的变化。

但是，这里留下一个问题：用什么样的标准来衡量强制力的执行者的行为？习俗选择中的标准是什么？这就导向了康芒斯理论的落脚点——合理价值问题。

合理价值

康芒斯的合理价值（reasonable value）理论存在一些争议，他自己也没有明确说明什么是合理价值。我们认为，康芒斯尽管认为某些现行的判断标准在现有环境中是"合理"的，但这些合理的标准与他期望的和追求的合理价值仍然有差别，他毕生从事的工作，就是要推动理想的合理价值的实现。

制度变迁要有一个方向。早在 1899 年的一篇文章[①] 中，康芒斯就已经指出："制度从原始时期发展到现在，并不是抛弃强迫的原则，而是提升了那些……受压迫的人的地位"（Commons, 1996, 第 57 页）。这是一种历史的表象，或者说是康芒斯的理想。但现实却与此有很大的差距，尤其是在康芒斯的时代，劳动阶级的地位并没有因为制度变迁而得到多大的提升。为什么会这样？习俗在这里又起到了重要作用。

由于个人行动受到集体行动的控制，个人在行动中不断重复的就是由支配性的业务规则所命令或者批准的惯例，这些惯例逐渐变成了习惯，从而演变成习俗，也就渐渐地被认为是"自然的"。结果，人们在与习俗相一致的行为中逐渐体会到的是"自愿"，这种"自愿"以"自然选择"的方式表达出来。与此相类似，尤其是能够加强个人的客观利益的习俗将被个人理解为"正确的"和"公正的"。当技术革新或者其他的原因使得新的利益冲突产生，而现有的业务规则又解决不了这种冲突的时候，交易双方就会根据各自的习俗采取相应的行动。如果交易一方能够将自己所遵从的习俗的控制范围扩大，也就是用这种习俗来解决冲突的话，他就能够在冲突的解决中占据有利的地位。在交易中，谁能够做到扩大自己遵从的习俗的范围？谁能够在冲突的解决中占据有利的地位？这就取决于权力的对比。

[①] The Value of the Study of Political Economy to the Christian Minister, in *Methodist Review* (Sep.): 696–711. 重印于 Malcolm Rutherford and Warren J. Samuels (ed.) *John R. Commons: Selected Essays*. London: Routledge, 1996.

由于习俗是"在类似的环境中类似的阶级的习惯性的交易"（Commons, 1924, 第 300 页），权力的对比也就是阶级地位和力量的对比。在封建社会，执行业务规则的权威代理人是君主，他可以使用国家的暴力力量，因此君主能够扩大自己的习俗，能够在冲突发生后决定什么是"好"的公共目标，能够决定应该加强什么样的业务规则。在资本主义社会，资产阶级显然比劳动者阶级拥有更大的权力，它就能够决定什么是"好"的，也就是有利于本阶级的客观利益的标准。因此在现实中，"习惯法采取当时最有力的一部分人的不断变化的习俗，经过据理解释，认为正当，把这些习俗制定为'业务规则'，作为集体行动控制个人行动的依据"（康芒斯, 1934, 下卷第 346 页）。概言之，在美国的现实中，"由先前的陪审团、法庭、仲裁机构的惯例形成的合理价值……是人们合理的观点的一致同意——合理就表现在他们与当时的支配性惯例的习俗是一致的"（康芒斯, 1934, 上卷第 207 页）。

尽管如此，康芒斯还是承认法庭在实现合理价值的实践中取得的进步："习惯法已经尝试着通过排斥不好的竞争而稳定好的惯例"（Commons, 1996, 第 378 页），"在新的工业条件下消除保密、勒索、歧视、不稳定这些惯例，而代之以公开、安全的惯例，这些一般来说可以称之为合理价值的合理惯例的习惯法概念。所有这些有意识的千万个组织的集体意志正在努力，改变黑格尔和马克思所预言的方向的进程正在进行。……西方文明正在走向的……是通过习俗和法律来稳定的资本主义"（Commons, 1996, 第 382 页）。

但是，康芒斯理想中的合理价值仍然没有在现实中实现。对社会而言，业务规则的结果（价值）和目的是要增进大众的福利，而"大众福利的基本原则……是这样的原则：让任何能增加大众福利的人富裕，不让那些只从大众福利中榨取私人财富的人富裕"（Commons, 1924，第 227 页）。在康芒斯的时代，美国的工人阶级作为增加大众福利的人，不但没有富裕起来，反而经常受到失业、劳动伤害的困扰。也就是说，美国法院所引导的建立一个真正公平的"诱因的权威分配"体制的工作没有完全实现。

要实现法院的"公平"的理想，条件是"意愿的购买和意愿的出售"（转引自 Ramstad, 2001，第 266 页）达成一致，也就是在通过劝说、没有强制和威胁的议价过程中达成的一致，也就是康芒斯所说的在法律上和经济上都平等的交易者进行的买卖的交易。此外，真正的合理价值的实现，还要借助于"政府的第四个分支"（Commons, 1996，第 251 页）——各种管制委员会的力量。也就是说，康芒斯追求的合理价值，是通过改变现行的业务规则，提升弱势集团或阶级的法律和经济地位，让他们与强势集团或阶级享有平等的法律和经济权力，通过买卖的交易来实现公平的结果。靠弱势集团或阶级自己去争取平等的法律和经济权力，可能会导致革命的产生，破坏资本主义的稳定，因此需要一个独立于政府、而又与政府机构拥有同等权力的机构来帮助弱势集团提高他们的地位。通过这种方式，才能够实现真正的"合理价值"。在对康芒斯学术生涯和成就的叙述中可以看到，康芒斯对合理价值的追求不仅表现在理论上，更重要的是表现在他毕一生精力为劳动者提升议价权力的努力上。

是否存在一个"康芒斯传统"

康芒斯以及他的学说在经济思想史中的地位是比较独特的：虽然所有人都承认他是制度主义的奠基人之一，但实际上"康芒斯的著作从来没有很好地融合到制度主义的传统中"（Rutherford, 1983, 第735页）。在制度主义文献中，偶尔会出现"康芒斯传统"这种说法，但这个"传统"缺乏后继者。从政策方面看，康芒斯对美国的劳工和管制政策曾有过重大的影响，但缺乏可操作的政策建议的制度主义者们却没有继承康芒斯在政策上的影响。以"拯救资本主义"为目的的康芒斯的政策建议同样也被为资本主义制度辩护的正统经济学所忽视。因此，在经济思想史中康芒斯的地位是比较尴尬的。

康芒斯与凡勃伦都是公认的制度主义的奠基人。他们的思想有一定的相似之处，但也存在很大的差别。国内文献大多认为凡勃伦强调社会心理，康芒斯强调社会法律（比如傅殷才，1996）。其实分析着重点的差别并不是两人最根本的差别，两人最大的差别在于理论体系中是否采用了"凡勃伦二分法"（Veblenian Dichotomy）。凡勃伦以技术—制度（或者工具—仪式）二分法作为理论基础（张林，2006），而康芒斯则没有采用这种方法。正是这一点上的区别使得康芒斯的理论没有很好地融合到以凡勃伦—艾尔斯传统为主流的制度主义理论中去。这同样也是我认为制度主义中并不存在一个"康芒斯传统"的根本原因。

在康芒斯的理论中，虽然在某些地方隐约可以见到二分法的影子，但实际上康芒斯是拒绝二分法的。康芒斯承认凡勃伦二分法在一定程度上的正确性，因为"企业家的纯粹金钱的估值"是二分法中的制度体系或者制度价值的范畴，区别于技术体系或者技术（工具）价值。"可是，他不研究最高法院的判例。……凡勃伦的结论达到一种剥削论，最高法院达到一种合理的价值。……凡勃伦的学说不是从司法判决中推论出来，而是从资本主义的交易在法律不加限制的情况下显明的剥削中推论出来，所以在凡勃伦看来，制度的一切都成为资本家尽可能发明和利用的剥削手段"（康芒斯，1934，下卷第313—314页）。从康芒斯对凡勃伦的这种评论中可以明显地看出，康芒斯并不认为制度是资本家（凡勃伦的有闲阶级）发明和利用的剥削手段，也就是不把制度视为社会进步的障碍。因为在康芒斯的理论中，作为法庭判决依据的习惯法这种制度，是得到社会认可的习俗，其中包含了当时环境中的合理性，尽管这种合理性并不完善。也就是说，康芒斯更强调的是制度对行为的控制、解放和扩展。制度确实是强势阶级获得和维护利益的工具，也确实是对行为的约束和强制，但它的目的是秩序，尽管一种制度执行的结果可能不公平（而且也经常是不公平的），但它创造秩序、消除冲突的功能是它最积极的特征。

另一方面，康芒斯并没有把技术视为进步的终极因素，他甚至没有详细地谈论过技术问题。在他看来，秩序是进步的保证，当然，公平的秩序是最理想的，但并不是说在不公平的秩序中就不可能产生进步，从不公平的秩序向公平的秩序的演变本身，其实就是进步。

我认为，康芒斯并没有采用凡勃伦的二分法来分析制度问题。但许多人认为康芒斯的思想中包含了二分法，代表性的是米勒（Edythe S. Miller）的观点，他认为："康芒斯在他的思想体系中运用了所谓的凡勃伦二分法。……二分法的核心在于凡勃伦和康芒斯对有形的和无形的财产的抽象中。这种区分在康芒斯对使用价值和交换价值的区分中能够察觉到，这产生了他的两种经济学：制度经济学和工程经济学的区分。……这是制度与技术的区分，这明显地在本质上与凡勃伦二分法没有区别。康芒斯对凡勃伦二分法的遵循也表现在他对运行中的机构和运行中的工厂的区分"（Miller, 1998, 第19页）。米勒的这种说法并不恰当。姑且不论二分法的核心是否在于有形财产和无形财产的区分中，康芒斯对使用价值与交换价值的区分，对制度经济学与工程经济学的区分，对运行中的工厂与运行中的机构的区分都不是二分法。康芒斯作出以上区分，是为了说明从前的经济学缺乏对人与人的关系的研究，主要关注人与物的关系。在人与物的生产和交换关系中的衡量标准是使用价值，而衡量人与人的交易关系的标准是财产的交换价值；研究人与物的生产关系中的效率问题的是工程经济学，而研究人与人的交易关系中的强迫与劝诱、命令与服从、强制与威胁的是制度经济学；组织物品的生产的组织是运行中的工厂，通过业务规则组织交易的是运行中的机构（康芒斯，1934）。这些区分只是说明制度经济学的研究对象和方法与传统经济学有区别，或者是传统经济学所忽略的。况且，如前述，康芒斯明确地指出运行中的工厂和运行中的商业结合起来就是运行中的机构。而二分法强调的是两种社会关系或体系的对立关系，制度体系是对技术体系的压制和阻碍。在康芒斯的理论中，他如上区分的两个部分不是对立的，而是补充的。

  康芒斯与凡勃伦的区别是明显的。凡勃伦传统经过几代制度主义者的努力，发展成为"凡勃伦—艾尔斯传统"，并成为制度主义的主流和新制度主义的核心（张林，2006）。反观"康芒斯传统"，在制度主义于20世纪40年代进入其"黑暗时期"之后，就再也没能复兴。作为一个学术传统，首先要有自己的理论特色，要有一个奠基人或者创始人，"康芒斯传统"是满足这个要求的。但更重要的是要有继承人，要有发展，这是"康芒斯传统"所缺乏的。从这个意义上说，我认为尽管康芒斯是制度主义的奠基人之一，但制度主义中并不存在一个"康芒斯传统"，只是在制度主义历史上，曾经存在一个以康芒斯为首的学术团体，有自己比较独特的理论体系和政策主张，这个团体被称为"威斯康星学派"（Wisconsin School, 参见 Carter, 1985）或者"威斯康星风格的制度主义"（Wisconsin-Style Institutionalism, 参见 Biddle and Samuels, 1995, 第 xv 页）。

在二分法这一根本方法上的差别使得康芒斯的理论未能与制度主义的主流很好地融合。除此之外，康芒斯的理论没能得到很好的继承，还有以下几个原因。首先，康芒斯的合理价值思想具有保守的特征。他希望在不破坏现存社会结构的条件下，通过对资本主义进行调整，让其更加完美，从而"挽救资本主义"。这与遵循凡勃伦传统发展起来的制度主义主流学说的激进特征相矛盾。其次，康芒斯隐含地追求一个终极的目的，而制度主义的主流则强调制度变迁的无目的性（张林，2006），如果抛开无目的性的观点，就相当于抛开了制度主义主流的核心。第三，制度主义在当代的主流——新制度主义的发展在很大程度上要归功于克莱伦斯·艾尔斯（Clarence Ayres）的努力（张林，2006），艾尔斯明确地将二分法作为制度主义的基本分析工具。在制度主义史上，如果没有艾尔斯，也就没有制度主义今天的成就。艾尔斯对制度主义的"拯救"是遵循凡勃伦传统进行的，他的理论中没有任何康芒斯的痕迹，因此后来在艾尔斯理论的基础上发展起来的制度主义就没有对康芒斯的学说进行发掘。最后，康芒斯在威斯康星大学的近 30 年时间里，尽管培养了许多学生，但他的学生大多在他的影响下从事实际工作，没有进行学术研究，因此与凡勃伦的理论相比，康芒斯的理论的影响就小得多。凡勃伦自己有许多杰出的学生后来成为制度主义的主要力量，比如韦斯利·米切尔（Wesley Mitchell）。

以上原因使得康芒斯的学说没能被继承下来，因此在制度主义在 20 世纪 40 年代进入"黑暗时期"之后，康芒斯学说的影响力大大降低。在后来的一些制度主义者的理论中可以发现康芒斯的影响，比如加尔布雷思的"抗衡力量"和"公共目标"的理论（加尔布雷思，1973），但这些理论仍然不是制度主义的主流。当正统经济学中的法律经济学兴起后，在20世纪70年代，制度主义者曾经比较过康芒斯的法律经济学与正统经济学的法律经济学，试图从康芒斯的学说中找到现代法律经济学的基础。[①] 20世纪80年代，也有人对康芒斯的体系进行了归纳和整理（Rutherford, 1983; Parsons, 1983; Chasse, 1986; Ramstad, 1987），但这些文献都局限在重新梳理康芒斯的学说，没有对学术体系进行构建。

到20世纪90年代中期，康芒斯的学说出现了复兴的迹象，尤其是以拉姆斯塔（Yngve Ramstad）和夏斯（Dennis J. Chasse）为代表的制度主义者努力根据康芒斯的学说构建一种分析体系，致力于形成制度主义中的"康芒斯传统"（Ramstad, 1995, 1996, 1997; Chasse, 1997a, 1997b）。但是，拉姆斯塔等人仅仅是抽象出了"康芒斯传统"（如果这个传统存在的话）的方法基础，还没有像凡勃伦传统那样抽象出理论核心和分析工具。要复兴"康芒斯传统"，从而将它结合到制度主义的主流中去，还有很长的路要走。

[①] 当时一些制度主义者和正统经济学家对康芒斯的《资本主义的法律基础》和小克拉克（John M. Clark）的《商业的社会控制》（*Social Control of Business*, 1926）这两本书进行了讨论，想要在这两部著作中寻找新古典的法律经济学的源泉。相关文章见《经济问题杂志》第10卷第4期（12月）。

第二篇 美国经济学的多元时代

第6章

美国经济学的多元时代：表现与特征

经济思想史上一般将两次世界大战之间的20余年时间，即1918年到1939年，称为美国经济学的多元时代（Pluralism）。在这一时期，美国经济学界同时存在着多种经济学传统，其中任何一种学术传统都没有取得压倒性的优势。它们之间有明显的分歧，甚至尖锐的对立。但它们和平共处，尽管不时有争论，但都有着比较一致的目标，那就是丰富经济学的内容，解决现实经济问题。同时，同一学术传统内的经济学家也存在差异，甚至相互之间还不时发生争论和指责。"多元意味着在信念、意识形态、方法和政策主张上的差异。……多元不只是群体之间的差异，而且是每个经济学家之间的差异"（Morgan and Rutherford, 1998, 第4页）。

这一篇包括的三章，分别阐述多元时代的概貌，制度主义在多元时代的相对优势，以及制度主义对"新政"的影响。本章首先通过对史实的系统梳理，阐明美国经济学多元时代的表现和特征。

多元时代的表现

多元时代的美国经济学异彩纷呈,大致可以将这一时期的理论传统归纳为三股力量:以哈佛大学的陶西格为代表的古典经济学传统,以克拉克为代表的新古典经济学传统,以及以米切尔、康芒斯、汉密尔顿(Walton Hamilton)、约翰·莫里斯·克拉克(John Maurice Clark)等为代表的制度主义。

陶西格的古典经济学传统

坚持某种学术传统,但并不教条,这是这一时期美国经济学家的普遍特征。陶西格也不例外。陶西格在哈佛大学是德高望重的经济学家,这不仅是因为他在关税理论方面取得的突出成就,他的教科书《经济学原理》(初版于1911年)仍然广为使用,他在哈佛的教学生涯(始于1883年),他在担任《经济学季刊》主编期间对待不同学术思想的宽容态度,所有这些都使他赢得了广泛的尊重。

在这个阶段,陶西格的研究涉猎很广。在传统的价格理论领域,在讨论市场价格决定的一篇文章中(Taussig, 1921),陶西格分析了短期需求曲线并非向右下方倾斜的一些特殊商品,比如倾销商品,并论证了战时价格控制的合理性,同时也为在一定限度内的"社会控制"提供了理论基础。1923年,陶西格加入了成本差异问题的讨论,即不同的生产者在生产同种产品的时候为什么存在成本的差异。他的分析表明,成本差异源于管理能力的差异(Taussig, 1923)。在对利息问题的分析中,他表明了经济不能保持持续增长的可能性,而且认为联邦储备系统的货币政策有可能成功地解决金融恐慌,但却难以应对工业的周期性萧条（见 Dorfman, 1959）。陶西格同样关注这一时期经济学的一个主题：公用事业管制。他支持政府对能源产业的控制和引导。在劳工问题上，陶西格反对法律禁令妨碍了自由竞争的观点。他将劳资双方的地位视为一种双边垄断的情形，禁令可以消除双方力量的不平衡，从而促进自由竞争（Taussig, 1930）。陶西格对待各种强制社会保险的态度比较谨慎：他支持工人赔偿保险，主张推行医疗保险和养老保险，但对失业保险心存疑虑（Dorfman, 1959）。

陶西格最突出的贡献在于国际贸易诸方面的问题。在国际贸易领域，他自认为延续了古典传统，但在李嘉图传统中对金本位下的国际贸易进行了发展和修正。他重申了这样的观点：当进口大于出口的时候，将会迫使外汇出现溢价。这导致进口商用黄金支付比用外汇支付更加便宜，从而导致黄金外流。在黄金流出的国家，商品价格将下降，出口受到刺激；而在黄金流入的国家，价格上涨，进口增加。因此，黄金的流动实际上是一种自动调整工具。而现行中的某些政策工具，比如中央银行调整再贴现率以阻止或者减少黄金的流动这类保护措施，不可能阻止黄金的流动及其最终对价格的影响（Taussig, 1927）。

关于自由贸易问题，陶西格认为自己是自由贸易的有保留的支持者，这是因为他支持古典的比较优势学，他将这一学说看作国内劳动分工的一种简单的国际推论。但是，他又在一定程度上接受了幼稚工业保护的观点。在他看来，任何取消保护的措施都应该是渐进的、试探性的。他认为反对自由贸易的多数观点都忽视了一个事实，即进口是用出口来支付的。但他自己又发展了一种理论，认为一个国家在理论上可以通过征收进口关税从而增加黄金输入而获益。

这是因为出口产品在海外有很旺盛的需求的国家，在国际贸易中的获益是最大的（Taussig, 1927）。

陶西格在第一次世界大战结束后向威尔逊总统提出的一个缓和从战时向和平时期过渡的紧张关系的建议，被视为他"最有建设性的贡献之一"（Dorfman, 1959, 第246页）。在"重要商品国际分配备忘录"中，他提议成立一个由盟国、中立国和敌对国的代表组成的"控制和分配委员会"。这个委员会监督下的"技术出口商品委员会"以稳定棉花、羊毛、铜、锡、橡胶、糖、咖啡等重要商品的价格为目标，对它们进行分配。这个提议确实起到了稳定这些商品的国际价格的作用（Dorfman, 1959）。

陶西格不仅自己在国际贸易领域做出了杰出的贡献，而且还培养了一批国际贸易领域的优秀学者，比如雅各布·瓦伊纳（Jacob Viner）、詹姆斯·安格尔（James W. Angell）、弗兰克·格雷厄姆（Frank D. Graham）、约翰·威廉姆斯（John H. Williams）等。他鼓励这些学生结合国际经济的新发展，对他自己的学说进行修正，也鼓励他们开展国际资本流动等领域的经验研究。

从陶西格这一阶段的研究成果和政策主张来看，明显地打下了这个时代的烙印：既想坚持古典经济学传统，又不能无视现实。于是陶西格的思想中充满着折中和谨慎。这也是他领导的哈佛经济学家的特征。

陶西格的同事托马斯·卡弗（Thomas N. Carver）[①]主要从事社会经济学研究，但早年曾对利息理论率先作出了"令人信服的、系统性的综合"（Dorfman, 1959, 第247页）。卡弗指出，边际生产力

[①] 这里对卡弗的介绍主要引自Dorfman (1959), 第247—250页。

理论不能解释利息，因为随着资本增量的增加，边际将达到零，利息将消失；利息也不能用成本理论来解释，因为很多储蓄起来的资本并没有产生利息，这样的储蓄对储蓄者来说没有任何成本。因此，正如价值需要由效用和成本两方面的因素来解释一样，利息也需要结合生产力和牺牲成本来解释。

卡弗系统地研究了人力资源的保护，将其视为国家繁荣的基本因素。早在1919年，他就阐述了社会平衡的观念，认为这是保持进步的核心。他指出，在高度专业化的现代文明中，各组成部分之间是相互关联的，不能保持平衡将不可避免地造成失业。他设想的平衡系统中，生产要素按照能够产生最能令人满意的结果的比例来组合。由于人们在决定什么是令人满意的平衡之前，肯定知道自己想要的是什么，因此，实现平衡的目标就是财富的广泛的分散，所有阶级在财产和职业上的平等。对于欠发达的、人口过多的农业国，他的提高生产力的方法是鼓励从发达的工业国引进技术人员、商人和企业家，加速工业发展。因此，多尔夫曼认为卡弗是第一个认识到外国资本投资并非提高落后国家生产力的唯一办法的经济学家（Dorfman, 1959）。卡弗反对为了实现平衡而采用社会立法等措施。

陶西格的另一个同事查尔斯·巴洛克（Charles J. Bullock）的兴趣也非常广泛。他早期的主要理论贡献在于精确地表述了可变比例法则（law of variable proportion），这是收益递减法则更一般的形式。他是第一次世界大战前为数不多的严肃探讨国际经济学的理论家之一。此外，他对美国国际收支的研究也是先驱性的（Dorfman, 1959）。

总的看来，无论是陶西格，还是卡弗和巴洛克，他们都希望对古典传统进行修正，以适应美国经济的现实。他们从事的工作在经济学发展史上的确占有一席之地，而且也为哈佛大学赢得了国际性的声誉。陶西格是他这一代人中获得英国剑桥大学荣誉博士学位的唯一美国经济学家。但是，他们的主张与美国经济的现实总是显得格格不入。或者说，他们改造古典传统，使其适应美国经济现实的努力并不成功。

克拉克的新古典经济学传统

克拉克无疑是美国最杰出的正统经济学家，他提出的边际生产力分配论，不仅使自己赢得了国际性的声誉，也标志着正统经济学在美国的崛起。克拉克在世纪之交提出边际生产力分配论。在那时，他是一个开明的经济学家，并不完全赞同传统学说，寻求对其进行修正和补充。到了多元时代，克拉克继续在正统经济学内部对它进行改造。这一时期，在致力于改造古典经济学的美国新古典经济学阵营中，比较杰出的人物还有亨利·西格（Henry R. Seager）、埃德温·塞利格曼（Edwin R. A. Seligman），以及阿尔文·约翰逊（Alvin Johnson）。

在这个阶段，克拉克继续着他关于静态学和动态学的探讨，这些探讨其实在1907年出版的《经济理论的基本原理》（*Essentials of Economic Theory*）中就已成型。克拉克严格地区分了静态学和动态学的分析性目的，认为只有在劳动和资本没有变化、没有技术的干扰、消费者偏好没有变化、没有竞争的障碍这样的静态条件下，实际价值才服从边际效用原理。也只有这样，劳动的边际产品才与名义工资相一致，资本的边际产品才与名义利率相一致。此外，克拉克的一个广为接受的思想是对资本和资本品的区分。

在动态学领域，克拉克作为开创者的地位是无可替代的。克拉克认为，与利息相区别的纯利润只在静态下存在。纯利润是超过成本的一个剩余，也就是大于生产要素的收入的一个业务收入。他将利润的来源归于企业家对发明和技术创新的利用。因此，它是一种暂时的收入，会在竞争中消失。他的动态学思想更主要的贡献在于启发了后人，比如他的儿子 J. M. 克拉克。乘数原理、加速原理，以及二者之间的相互作用这些理论，正是来自小克拉克。

塞利格曼的《税收转嫁与影响》（*The Shifting and Incidence of Taxation*, 1894）被视为公共财政领域的开山之作。这一时期，他仍然在公共财政领域占据着领导地位。塞利格曼继续批评税收扩散（diffusion of taxation）的观念，这种观念认为所有的税收都会通过提高价格的方式逐渐转嫁给消费者。塞利格曼指出，纳税人与其他个体之间并没有直接的经济联系。当然间接的联系是存在的，但间接的影响并非通过提高课税对象的价格而发生的。不过有一些税收，比如关税，可以通过提高价格的形式转嫁给消费者，因为这种税收对边际生产者产生了影响。在这种情况下，实际转嫁的程度取决于供求弹性。所得税是不可能转嫁的，因为在一个国家范围内，人们不可能移居到不征税的地方。塞利格曼是率先系统阐明现代意义上的税收政策的发展和标准的经济学家。他认为，一个国家的税收体系通常与国家的需要和发展状态相一致。税收的原则伴随着民主和自由的发展，在现代已经呈现出理想的特征，这些原则包括：第一，也是最根本的原则，从财政的角度来说，税收体系要能够产生足够的收入；第二，从行政的角度来说，税收要方便而且经济地征收；第三，从经济的角度来看，税收对经济生活的干扰要尽可能地小（Seligman, 1925）。

西格^①的主要研究领域是劳工问题、产业组织和社会保障。他是率先提议将最低生活水平与工资挂钩的经济学家之一。他也支持通过立法的形式规定非熟练工人和非工会会员的工作时间。他认为劳动立法应该是国家层面的，而不是各州独自立法。他支持童工立法。他支持工会，因为由于工会的存在，使得雇主之间的竞争更加公平。他也支持同业公会，它可以起到限制垄断的作用。在产业组织领域，西格提倡通过联邦的公司立法来替代各州的公司立法。在自然资源产业，他支持政府对其监督和管制。

约翰逊^②一直被视为克拉克的边际主义学说最忠实的拥护者以及最清晰的阐释者。他是当时美国颇有影响的研究机构"新社会研究院"（New School for Social Research）的创立者，是当时最有影响的《社会科学百科全书》的主编之一。他的教科书《经济学入门》（*Introduction to Economics*，1922年新版）是当时流行的经济学教材之一。在农垦经济学这一新领域，他是当时的权威。

约翰逊认为，农民的贷款就像德国的战争赔款一样，是农民的一项沉重负担。为了支付利息，美国农民必须减少消费，延长工作时间，拒绝修缮灌溉设施、公路等公共设施。过度生产是背负债务负担的农民的必然选择，而过度生产又导致价格下跌。在债务负担不变的情况下，价格下跌驱使农民更多地生产。这不仅造成过度生产和低价格的螺旋运动，还影响了农民对工业品的需求。因此，负担着沉重债务的农民不可能成为美国工业品的主要消费者。约翰逊并不赞成通过农民合作或者提高农产品价格这些流行的措施来解决

---

① 这里对西格的介绍引自 Dorfman (1959)，第 267—272 页。
② 这里对约翰逊的介绍引自 Dorfman (1959)，第 272—275 页。

问题，因为农产品价格提高的直接结果，将是土地价值的提高，这将导致农民债务的进一步增加。他的解决方案是通过征税的方式，由政府没收私人销售土地得到的全部或者大部分利润。

除了以上几位经济学家之外，与克拉克这个集团有着密切联系的，还有几位更加坚定地接受边际主义学说的经济学家，他们是弗兰克·费特（Frank A. Fetter）、赫伯特·达文波特（Herbert J. Davenport）和弗雷德·泰勒（Fred M. Taylor）。克拉克这个集团的经济学家们自己非常关注理论的新发展，但在对下一代经济学家的培养中，并不反对他们接触非正统的学说。他们中的很多人都是流行的教科书的编写者，在教科书的编写中都非常谨慎，担心学生通过教科书对正统学说产生怀疑，或者是成为某些未经证实的或者错误的非正统学说的牺牲品。从他们的教科书中可以看出这个集团的倾向。尽管他们吸收了新的研究成果，在方法、重点、选择的主题、阐述的形式上都有所变化，但与其他人的教科书相比，并没有多少实质性的变化。与过去的教科书相比，最重要的变化是对待政府的态度，不再一味排斥政府，都提到了政府与经济的关系，以及政府管制经济的功能。但这些变化都局限于正统价值理论的框架之内。在教科书的不断修订中，增加了公共财政、经济周期、社会保障、劳工问题、垄断问题、公用事业、自然资源保护等内容。这些内容的增加，在一定程度上是制度主义者对正统经济学发起的挑战的结果。

制度主义经济学

制度主义在这一时期的阵营和影响都要略大于其他两个传统。始于1918年，终于20世纪30年代末、40年代初的"制度主义运动"，无论从参与的制度主义者的人数、他们在学界的地位、对正统经济学的批判,还是从对美国政府的政策影响来看,都可谓声势浩大。但是,制度主义运动期间的制度主义者关注的重心,不是制度主义理论的构建,而是寻求解决现实问题。因此,从理论传统的意义上来说,制度主义在这一时期的美国经济学中并未取得压倒性的优势。也正是从理论传统的角度出发,制度主义运动本身不是本章介绍的重点,将在下一章详细介绍。我在这里主要介绍制度主义的三位奠基人凡勃伦、米切尔和康芒斯在这一时期取得的理论成就及其影响。

美国经济学进入多元时代后,制度主义的开创者凡勃伦也进入了自己学术生命的晚期。与过去的辛辣和晦涩的文风相比,这一时期凡勃伦作品的讽刺风格弱化了不少,行文也更为直接。这使得那些隐含在他的早期作品中的思想更为明显。此外,他的著作也赢得了更多的普通读者。凡勃伦在这一时期的主要作品有1919年出版的《特权阶级与普通大众》(*The Vested Interests and the Common Man*)、1921年出版的《工程师和价格体系》(*The Engineers and the Price System*),以及他的最后一部著作,1923年出版的《缺位所有权与现时代的企业》(*Absentee Ownership and Business Enterprise in Recent Times*)。

在《特权阶级与普通大众》中,凡勃伦承认在企业主导的金钱秩序中确实存在相当水平的繁荣,但他将此归因于国家的自然资源以及人口的增长,它们提供了一个不断扩大的市场以及丰富的劳动力源泉。也就是说,繁荣并非来源于金钱秩序本身。在现代资本主义生产体系下,由于工业过程精巧而复杂的特征,对工业的控制本应由工程师之类的技术人员来施行,但由于制度的持续性,对工业的控制通过公司这种形式交到了金融巨头的手中。金融巨头控制下的生产企业不可能充分发挥它的生产能力,因为金融巨头等"特权阶级"受到价格体系的限制。这个体系的目标是金钱利益的最大化,而不是产出水平的最大化。在当前的金钱秩序下，这两个目标是不一致的。这种情况下，机器工业以及现代科学的机械逻辑中逐渐产生的评价标准，关注的是那些看得见的绩效，比如利润，而不再是技术的合理用途，于是强化了对不受约束的所有权收入的认同。换言之，以增加产出为核心目的的机器过程逐渐对特权阶级为获得高额利润而限制产量的行为漠不关心（Veblen, 1919）。正因此，企业的权力无限地膨胀，它的恶果终将显现，那就是凡勃伦刚刚去世后就爆发了的大萧条。

在《工程师和价格体系》中，工团主义者和工会用来描述工人暗地里破坏生产的"怠工"（sabotage）这个词，被凡勃伦用来描述现代价格体系在实践中的特征。根据凡勃伦的说法，企业与商业银行之间在货币借贷方面获得的利益，以及联邦储备系统设计的其他帮助机制，可以对国家的信用供给实现一种抑制性的约束。按照金钱逻辑，他们将使用这种控制来限制竞争和产出。所有这些活动都集中于国家经济的"最终稳定"这个目标。但是，由于这些行为将金融交易放在一个无风险的程序上，从而有可能导致已经取代工业巨头成为经济的实际控制者的银行家等金融巨头的退化。一方面是金融的一体化，另一方面是工业的一体化。在金融和工业中都不断积累着怠工，最终将导致致命的崩溃。他批评了辛迪加等垄断组织对竞争的替代，指出这种类型的联合企业中的参与者并不存在根本的利益一致。由于特权阶级的权利使他们放弃了对物质过程的控制，转移到技术人员手中。如果没有技术人员，就没有工业巨头。凭借其战略性地位，技术人员可以与工业巨头相抗衡。据此，凡勃伦提出了一个"技术人员苏维埃"的设想。在其中，董事会的义务和权力都集中于工业管理工作，集中于考虑合理地配置资源，避免浪费和工作的重复，公平地向消费者提供足够的产品和服务。这个"技术人员苏维埃"的建立需要做好两方面的准备工作：第一，在调查现存条件和手段后，建立可行的组织；第二，技术人员和普通工人之间必须形成普遍的理解以及感情上的团结（Veblen, 1923）。这可以视为凡勃伦制度主义体系的一个行动理论。

凡勃伦在最后的著作《缺位所有权与现时代的企业》中指出，资本化过程使公司金融家可以以加速资本化以及他们所控制的机构的购买力为目的而增加基金。这就是通货膨胀的根源，是资本化意义上的物质资产价值的增加。资本化的扩大有积累的特征，因此对信用的无休止的使用使货币供应大大超过了由于技术进步而导致的产品增加的需要。但是，由于充分利用技术设备而带来的产出的增加将使价格水平降低，所以通货膨胀暂时受到抑制。但为了将价格保持在高水平从而获得超额利润，技术进步往往受到限制，从而加大了通货膨胀的压力。对凡勃伦来说，信用是公司金融的核心。股票市场价值不得不持续上涨，以保持工业体系在被抑制的技术进步面前继续发展。但是，这种扩张必然伴随着"怠工"现象，并会增加劳动者的负担。这又进一步带来了信用的扩张。终有一天，积重难返，结果也就是灾难性的崩溃（Veblen, 1923）。1929年，凡勃伦预言的灾难不幸降临。

凡勃伦的学生米切尔被视为多元时代美国最有影响的经济学家（Coats, 1992）。他因1913年出版的《经济周期》而成名。但他不只是一个经济周期理论家。实际上，他的经济周期研究有一个更广阔的基础，是从他关于动态学的观点中发展起来的。米切尔相信，经济周期分析对确定现代货币经济的性质和功能提供了一个更广阔、更实际、更有力的方法。最重要的是，他感觉到这种过程模式能够为对经济实行有序的社会控制提供手段。在这种过程模式中，如果能包括对心理学的、历史的以及数量素材的检验，这些研究将更为有效。他认为人的反应、本能、能力和倾向由于日常生活而固定下来。但是人类发展了更有效的使用天赋的方法，赋予了它们制度上的特征。正是社会习惯的变化或者制度的变化使得现在的行为不同于过去（米切尔，1927）。

在第一次世界大战期间服务于政府部门的经历，使米切尔确信经济学家必须学习估计特定行为的结果以及决定它们的相关变量。米切尔在战争期间关心的是价格问题，他在运输委员会和战时工业委员会工作。他指导了一系列价格史的研究。他努力推动政府的统计服务，在他的帮助下成立了中央计划与统计局，但停战后不久，这个机构就被取消了。

1920年，米切尔组建了NBER，成为其研究主任和精神领袖。NBER的第一个研究项目是国民收入及其分配，形成了经典的著作《美国的国民收入：计算和分配，1909—1919》（*Income in the United States: Its Amount and Distribution, 1909-1919*，1921—1922年出版）。此后，NBER的主要研究项目是根据经济现实的发展不断对米切尔的《经济周期》著作进行修订，包括使用国民收入数据进行修订。他们对经济周期的研究，是希望社会形成一种经济周期意识，也就是说，经济是按一种循环模式运行的：繁荣、衰退、萧条和复苏，每一个阶段都是前一阶段不可避免的结果，每一个阶段跟随着出现。《经济周期》的修订进展很缓慢，直到1927年才出版了修订的第一卷。

在书中，通过强调收入流方法，米切尔认为经济平滑的波动不仅需要货币量和流动速度随时间而调整，而且需要货币保持从企业手中通过物品交换流到个人手中这种流动，以及保持与物品的相反流动相适应。消费者的货币支出以及其他支出是重要的通货；但更大一部分的购买力循环在于企业之间的支付。另一重要因素是个人和企业的储蓄。在普遍存在的不确定性的压力下，人们发展了现代形式的公司体系来用以引导经济活动。米切尔详细描述了政府、商人、技术专家、借款人、投资者、消费者之间的动态的波动。政府现在变成了生产的一个重要分支（米切尔，1927）。

米切尔尽管大力倡导统计研究，但他拒绝将统计上的意义用来表明因果关系，因为经济现象是一系列复杂的、相互关联的、相互作用的现象，统计分析和数量研究的作用在于更好地理解这些现象。

正如多尔夫曼的评论指出的那样：

> 米切尔在他的职业内部和外部都取得了独一无二的地位。此前很少有这样一位非正统的、原创性的、有着过人观点的社会思想家能赢得他同时代人如此的尊重、认可和接受。原因部分在于他热情的、真诚的特性，这不仅为他赢得了忠实的朋友和追随者，而且他个人很少树敌。另外的原因是以他的清楚的、劝说性的陈述为基础而对自己思想的坚持。即便他不多的批评者也不会谴责他的自我矛盾或者愚蠢。……此外，他所相信的美国经济的长期进步将实现人类整体的物质和社会的改善是这个时代得到确认的信念。与此相联系的是较不明显但却可能是最根本的原因：由于他的信念，米切尔没有悲观的批评；他的工作所呼吁的是坚持改进现存经济秩序的方向。这种建设性的态度使米切尔得到这个阶段大多数美国经济学家的尊敬。

（Dorfman, 1959, 第 376—377 页）

康芒斯是凡勃伦的同时代人,他开创了一个不同于凡勃伦体系的制度主义传统(详见本书第5章)。"在为公共政策改革设计方案以减轻工业体系的缺陷方面,任何经济学家都不及他"(Dorfman,1959,第377页)。康芒斯的大量改革努力20世纪初期在美国州一级政府得到贯彻。他主要关心的是实现一种健康的资本主义,或者"进步的个体主义"。他认为个人可以通过工会、公司、贸易协会、教会、国家等组织或者团体,充分发挥他们的潜力。康芒斯主张更大地扩张政府的作用,由政府通过各种工具保护和引导经济秩序(康芒斯,1924)。

康芒斯的政策主张在威斯康星州得到了很好的贯彻。他是第一次世界大战前帮助阐述和执行威斯康星州州长拉福雷特(La Follette)的改革计划的杰出领袖之一,这个改革计划成为其他州和联邦政府的楷模。他的贡献在于对公用事业管制的公共服务改革,在推动社会保险立法方面也起到了先驱性的作用。他认识到整个计划不可能全面地完全贯彻,而是应该逐步推进。他帮助创立的贯彻立法的模式就是威斯康星产业委员会,委员会负责这个州的劳动立法。它反映了康芒斯的观点,即劳动立法应该只是提供宽泛的、基本性的管制模式,将调查和决策留给委员会(Commons, 1996)。

康芒斯将特权和权威不断增大的半司法的行政委员会视为政府的第四个分支。委员会的功能是调查和研究。持续的调查是帮助政府进行管制、发展新措施、帮助法庭对管制作出合理的判决、最终教育公众的核心。但由利益相关的各方代表组成的顾问委员会是保证委员会成功的前提,因为它们是实现平息冲突、建立利益互惠的力量。以这种方式,官僚机构的本质罪恶将得到克服(Commons, 1996)。

康芒斯也帮助威斯康星州成为颁布有效的工人赔偿法案的先行者。这是他最初设想的医疗保险的下一步。他利用 1920—1921 年的萧条力促强制性的失业保险，即由雇主出资作为失业保证金。他认为这将为资本主义提供工作的保障，而且能够反驳社会主义者对资本主义制度下的失业这种最具破坏性的批评。康芒斯最初设计的办法是由雇主支付保险费，工人每天得到一美元，最长期限为 13 周。这种措施不像欧洲的"社会主义"立法，其意图不是为了救济，而是给商人稳定就业一种合理的激励。但是直到大萧条爆发，一种经修改后的类似措施才得以出台（Dorfman, 1959）。

　　康芒斯还参与了其他的改革。他对 1927 年威斯康星州小额贷款法案的颁布起到了一定的作用，其目的是帮助那些需要小额贷款，但又不符合商业银行贷款资格的人。他认为这一立法将提高生活质量。康芒斯也是最早提议农村信用法案的人之一。他提议，由于政府可以比私人以更低的成本借款，所以政府应该以实际价格购买更多土地，然后以长期付款的方式卖给农民。此外，他发展了一个以赋税能力原则为基础的税收规则。税收的分配应该直接根据个人的支付能力，并与他为公共利益服务的能力相反。根据这种观点，康芒斯相信遗产税是为社会福利活动筹资的一种手段。在担任美国产业关系委员会委员期间，他就曾提议联邦遗产税立法（Dorfman, 1959）。

　　康芒斯在他的生涯中很早就表现出对货币问题和信用问题的兴趣。第一次世界大战后，明显的通货膨胀以及 1920—1921 年的萧条重新唤起了他在货币领域的兴趣。在接下来的 10 年，他对美国货币和银行立法产生了重要的影响。

　　康芒斯始终坚持认为，许多严重问题的根源在于价格水平的波动，尤其是长期的运动或者长期趋势。价值手段的不稳定导致了所谓的过度扩张、过度储蓄、收缩、消费不足等问题。康芒斯对价格过度波动的许多解释都提到了贴现率，而且认为源于瑞典经济学家威克塞尔和卡塞尔。从借款者的成本来看，贴现率也许是无意义的，但它的作用是影响人们对价格和业务量的预期，也就是说，它是商人相信的一种信号。通货膨胀和随之而来的通货紧缩可以由联储当局通过改变贴现率来阻止。这对金本位没有危险，因为美国拥有最大比例的世界黄金货币供应。他指出，美联储已经认识到银行业务应该不再任由黄金的供求自动地发挥作用，而是应该被引导向标准化信用，从而引导价格水平。这种标准化是通过允许国家银行家的代表在由人民代表组成的委员会的监督下利用贴现率，购买和销售债券，以及所有其他因素来影响经济量和一般物价水平。他警告，货币政策唯一关心的应该是与总产量、贸易和就业相关的信用总量；否则就会用"信用配给"替代根据经济和技术的变化而自动调整的信用分配。特定商品价格的稳定是单个产业的责任。康芒斯反对提高再贴现率以阻止股票市场投机的增加。他担心这种行为可能对工业产生负效应。在股票市场上，证券价格反映了预期未来收入的现值；它们是自我纠正的。即便在1929年美联储发布警告后，他仍然公开宣称联储当局压制股票价格的任何努力都将导致严重的麻烦，因为股票价格的下跌将扩散到商业。

尽管康芒斯属于非正统的甚至是激进的制度主义传统，但在这个阶段，康芒斯比过去得到了更为广泛的承认。在20年代，他被视为美国劳工运动的权威领袖。作为行政法和委员会的权威，以及货币和银行立法的顾问，他尤其在法律界和政府官员中享有极高的声誉。作为非正统学说的领袖之一的康芒斯的思想变得如此流行，那是因为它特别吻合时代精神。他的结论总的来说是乐观的。他脱离了古老的自然权利思想和高度简化的快乐—痛苦动机心理学,他的思想过程与美国的实用主义密切相连。不幸的是,他的著作有些松散和前后不一致。不同的人在他的观点中都能找到支撑,结果,他的影响在一定程度上被冲淡了。

当然,多元时代并非只是表现为这三种学术传统的并存。除了这三股主要力量之外,农业经济学、货币经济学、运输经济学等分支学科也在迅速地发展。只不过这些分支都大致可以归属到这三个学术传统内。

多元时代的特征

美国经济学的多元时代表现出以下一些特征:

首先,尽管三种学术传统之间,尤其是制度主义与其他两股力量之间的争论一直不断,但这种争论是在平和的环境中发生,或者说争论者之间的态度是友好的。比如凡勃伦,尽管他猛烈抨击、甚至辛辣地讽刺正统学说,但这并不影响美国老一辈正统经济学家劳克林对他的赏识:正是劳克林聘请他来到芝加哥大学,开始了自己辉煌的学术生涯。凡勃伦与克拉克这两位美国经济学的杰出代表在学术思想上是敌人,但在个人生涯中却保持着良好的关系。再比如当时的芝加哥大学,制度主义者和自由主义经济学家和平共处。小克拉克和弗兰克·奈特(Frank Knight)在芝加哥大学共事了很长时间,尽管一个是非正统经济学的代表,一个是正统经济学的大师,但二人的思想却相互促进,个人关系也非常好。克拉克父子也可以作为这里的例证。父亲是正统经济学在美国的领袖,儿子是反对正统经济学的制度主义运动的领袖之一，但小克拉克的思想直接来源于父亲对动态经济学的倡导。

其次，这一时期的美国经济学不存在霸权。尽管制度主义者在学术竞争中稍占上风，但却没有表现出党同伐异的霸权作风。更重要的是，多元时代不存在研究方法的霸权，这与后来正统经济学一统天下的时代形成鲜明的对照。多元时代的经济学家对科学的精神有着统一的认识，那就是无论使用什么方法，只要考察的过程是科学的，得出的结论就应该受到重视。在这种对科学精神的统一认识下，表达思想的方式并不重要，文献中使用什么方法也不重要，是否追求价值中立和政策的中立也不重要。科学考察的客观性是考察层面上的，而不是信仰和政策含义上的。

最后，问题导向的研究是这一时期美国经济学家的共同特征。严格地说，多元时代的美国经济学家并没有取得多少突出的理论成就。除了陶西格在国际贸易领域、康芒斯在他的制度经济学领域的系统性成就之外，比较重要的理论贡献要数小克拉克对乘数原理和加速原理的先驱性阐述。除此之外，再也没有产生什么对后世有重大影响的理论。美国经济学家的重心都放在如何解决现实问题上。无论是大萧条之前，还是大萧条以及"新政"时期，当然还包括第二次世界大战期间，各种学术传统的经济学家都积极投身社会服务，进入政府部门为政府政策出谋划策，或者负责政策的执行。也正因为问题导向的研究这一共同特征，使经济学家之间的争论（不仅是不同学术传统之间的经济学家，还包括同一学术传统内的经济学家）都围绕着一个共同的目的：解决问题。另一方面，把重心放在解决问题上，不可避免地使经济学家疏于理论工作，无论是正统派还是制度主义者都是如此。疏于理论工作对美国经济学的发展来说是不利的。一方面，美国的经济学学术传统中，政府始终没有被排斥，而且研究的主题更多地属于今天所说的宏观领域，比如物价、就业等。后来产生的凯恩斯经济学其实在美国有更好的学术基础。可以说，美国经济学家疏于理论工作，使他们失去了取得理论突破的机会。另一方面，制度主义者对理论工作的不重视，直接导致制度主义这一学派在20世纪40年代后走向衰落。制度主义衰落、从而多元时代终结的原因，我将在下一章详述。

第 7 章

制度主义运动：过程、影响和教训

从 1918 年到 20 世纪 30 年代中后期，制度主义者在美国经济学界掀起了一场反对正统经济学、改革经济学教学内容、提倡政府对经济进行干预、积极设计和参与各种社会福利改革方案的运动，史称"制度主义运动"（institutionalist movement）。在这近 20 年的时间内，制度主义经济学成为美国最有影响的经济学说，制度主义者也成为美国最有影响的经济学家。但是，美国经济学的这段历史往往被经济思想史主流文献所忽视，国内学界对这一时期的美国经济学更感到陌生。尽管专事美国经济学和制度主义思想史研究的加拿大学者马尔科姆·卢瑟福（Malcolm Rutherford）有大量文献讨论这段历史，但多是个案研究，并没有为我们呈现出制度主义运动的完整图景（Rutherford, 2000, 2001, 2002, 2003a, 2003b, 2004, 2005,

2006）①。本章在现有文献的基础上，系统整理制度主义运动的起源、过程、内容和影响，并总结导致这一运动以及制度主义经济学最终衰落、从而美国经济学多元时代的终结的原因，从中得出可供中国经济学界吸取的经验和教训。

制度主义运动的起源、主张和参与者

制度主义运动的起源

制度主义运动是美国历史上影响深远的"进步运动"在经济学界的延续。② 尽管制度主义经济学早在19世纪末、20世纪初就已诞生，但一般还是将1918年视为制度主义运动的起源，那是因为在1918年的美国经济学会（AEA）年会上，制度主义经济学家集体发起了对正统的古典和新古典经济学的批评，并清楚地阐述了制度主义经济学的理论主张，宣告了"制度经济学"这一流派的形成。

在AEA1918年年会上，沃顿·汉密尔顿（Walton H. Hamilton）在提交的论文"经济理论的制度方法"中第一次使用了"制度经济学"这个名称，并将这种经济学的特征定义为：（1）能够将各个领域的经济问题的考察整合进来，（2）强调对经济的社会控制，（3）将制度视为经济生活中变化的原素，引导着人们的行为，（4）关心制度变迁和发展过程，（5）以现代社会心理学阐述的人类行为理论为

---

① 这里引用的卢瑟福的文献大多是他的原稿，而非正式发表的版本，因为在篇幅更长的原稿中提供了我们需要的更多信息。
② 制度主义经济学的先驱伊利、亚当斯以及明显带有制度主义倾向的社会学家库利（Charles H. Cooley）等人就是"进步运动"在学界的领袖。

基础（Hamilton, 1919a）。按照这样的定义，汉密尔顿将凡勃伦、米切尔等人视为制度经济学的领袖。在这次会议上，J. M. 克拉克提交的论文指出，经济学必须与当前的社会经济问题密切联系（Clark, 1919）；威廉·奥格本（William Ogburn）的论文批评了正统经济学的快乐主义心理学（Ogburn, 1919）；当年的 AEA 主席沃尔特·斯图尔特（Walter Stewart）在对以上论文的评论中指出，只有通过将统计学方法和制度方法结合起来，才能解决现实面临的诸多问题（Stewart, 1919）。

这次会议正式宣告了制度主义运动的诞生。此后，制度主义者的一系列文献继续对正统经济学发起攻击，不同作者阐述了制度主义相似的研究纲领。其中最为著名的是米切尔 1924 年的 AEA 主席演讲（Mitchell, 1925），以及雷克斯福德·特格维尔（Rexford Tugwell）主编的《经济学趋势》（Tugwell, 1924）。米切尔的演讲被视为数量经济学和制度经济学的宣言；特格维尔主编的著作是新老两代制度主义者理论观点和政策主张的集中体现。除此之外，制度主义的另一个分支，威斯康星大学的康芒斯在 1924 年出版了自己的代表作《资本主义的法律基础》。

制度主义的研究纲领

制度主义尽管是一个比较松散的学派，但制度主义者探讨的问题和对待理论与现实的态度有他们的共同点。我这里按照卢瑟福的观点（Rutherford, 2000），将制度主义运动时期制度主义的研究纲领作一归纳。

卢瑟福将这一时期制度主义的研究纲领归纳为："社会和法律制度是决定经济行为和经济绩效的最重要的因素（它们通过正规的

和非正规的约束和激励，影响现存的思维方式和行为方式）；这些制度是随时间而变化的，是可以通过政策的干预加以改变的；现存制度并非总是能够给社会带来利益；控制经济的原有方式（以竞争市场为主）已经不适应新的技术条件和经济条件，需要新形式的社会控制措施"（Rutherford, 2000, 第290页）。具体来说，制度主义者的研究纲领集中体现在方法论和研究主题两个方面。

1. 方法论问题

首先，制度主义者寻求在统一的制度背景下对社会经济问题进行研究。制度主义者将经济和社会问题大多放到一个统一的制度背景或者环境下来研究，那就是凡勃伦系统阐述和批判的"金钱"制度或者"商业"制度。在这种身份等级制度下，财富积累的数量成为衡量人的价值的标准，通过限制产量来追求高额利润成为企业的行为准则，使人们对产品和服务的需求得不到最大的满足，技术发展也受到抑制。正是社会的行为模式和价值体系方面存在的这种技术与制度、仪式与工具的对立，导致了现实中各种严重的经济问题和社会问题的产生（凡勃伦，1899）。以此为基础，这一时期制度主义者的研究得以在一个统一的框架下展开，使不同的研究主题产生联系，从而形成了统一的制度经济学。不过，这一时期制度主义者关心的不是金钱制度本身的理论问题，而是非常具体的现实问题，比如铁路产业、公用事业、劳工问题、托拉斯、银行与金融机构、公共财政等。

其次，制度主义者宣称自己的方法是科学的经济学方法。这一时期的制度主义者认为，他们的方法是一种科学的经济学方法，与正统经济学相比，更加适合于分析经济问题，并能控制经济体系的功能的发挥。他们的这种科学思想可以概括为："（1）致力于数据资料的收集、分析以及经验研究;(2)理论都是试验性的,受到关键现象的约束,要以经验考察为基础对其进行检验;(3)尽量保持'中立'的考察;(4)将一致的行为假设用于其他领域的研究;(5)要得出能够用于解决具体经济问题的知识"(Rutherford, 2000,第293页)。

最后,制度主义者为制度经济学找到了恰当的心理学基础。与正统经济学相对立的制度主义经济学,需要有不同于正统经济学的心理学基础。这一时期的制度主义者强调,正统经济学的快乐主义心理学完全不适合于制度主义的研究纲领。制度主义者对影响人类行为的制度因素的重要性的强调,使他们需要一种能够将制度和个体以及集体行为联系起来的心理学。这就是当时被视为"现代"心理学的本能—习惯心理学。

2. 研究主题

这一时期的制度主义者大多致力于现实问题的研究,他们的研究领域主要涉及企业制度、劳工问题、经济周期,以及对经济的"社会控制"。

遵循凡勃伦的金钱制度支配着经济体系的观念,制度主义者将研究重点放在金钱制度的典型代表——现代企业上。他们探讨了现代公司所有权和控制权的分离、公司金融与投资、垄断、企业定价等广泛的问题,同时还普遍涉及铁路、煤矿等具体产业,以及托拉斯和管制问题。这方面的代表性文献有汉密尔顿主编的《当前经济问题》(Hamilton, 1919b)和克拉克的著作《经济的社会控制》(Clark, 1926)。

劳工问题以及劳动市场是几乎所有这一时期的制度主义者都关心的问题,而这也是当时的正统经济学不能给出恰当解释的领域。

制度主义者的文献广泛讨论了工会、行业公会、商业规则和管理、劳动立法、集体议价、罢工、生产安全和工人健康、失业等问题。这方面的代表是康芒斯在威斯康星大学领导的一系列研究。此外，当时制度主义者编写的教科书中都用了大量的篇幅来讨论劳工问题（Slichter, 1928; Atkins et al., 1931）。

对经济周期波动的研究是当时制度主义研究的一大亮点。制度主义者的研究明确了经济周期波动并非经济运行的偶然失衡，而是经济体系内部的问题导致的结果。米切尔以及他建立的 NBER 在经济周期研究方面做出了突出贡献。这些研究着重通过统计方法寻找经济周期波动的原因和周期各阶段的特征，并将经济周期与金钱制度的功能联系起来进行探讨（Mitchell, 1913; 米切尔, 1927）。

需要用新的方法实施对经济的"社会控制"是这一时期制度主义者的共识，也是制度主义作为一个学派与正统经济学完全对立的一个鲜明特征。他们提倡的新的控制方法是用于替代市场的管制、立法和经济计划。这方面的观念和成果对当时美国联邦政府和部分州政府的经济政策导向和具体措施产生了深远影响，后述。

制度主义运动的大本营

美国哥伦比亚大学、威斯康星大学以及布鲁金斯研究生院（和之前的阿默斯特学院）由于汇聚了大批制度主义者而成为制度主义运动的大本营。这三个地方的制度主义领袖分别是克拉克和米切尔、康芒斯、汉密尔顿和莫里斯·科普兰（Morris Copeland），他们也正是制度主义运动的领袖。①

---

① 这一部分的素材主要来自 Rutherford (2001, 2002, 2003b)。

1. 哥伦比亚大学

哥伦比亚大学是制度主义运动最重要的一个阵地。1913年和1926年，米切尔和克拉克的到来吸引了一大批制度主义者来到哥伦比亚大学，他们也培养了一批制度主义的新生力量。在这些制度主义者中，比较突出的有（按进入哥伦比亚大学的时间顺序）米尔斯（F. C. Mills）、索普（Willard Thorp）、里德（Louis Reed）、古德里奇（Carter Goodrich）、沃尔曼（Leo Wolman）、库兹涅茨（Simon Kuznets）、特格维尔（Rexford Tugwell）、伯恩斯夫妇（A. R. Burns 和 Eveline Burns）、伯利（Adolf A. Berle）、米恩斯（Gardiner Means）、多尔夫曼（Joseph Dorfman）、卡尔·波兰尼（Karl Polanyi）、阿瑟·F. 伯恩斯（Arthur F. Burns，后来任艾森豪威尔总统的经济顾问）等。

哥伦比亚大学制度主义者的研究领域非常广泛，涵盖了这一时期的制度主义者主要讨论的所有主题。在批评正统经济学、倡导制度主义经济学方面，米切尔1924年的AEA主席演讲被视为一个宣言（Mitchell, 1925），特格维尔主编的《经济学趋势》详细讨论了制度主义研究纲领的各主要方面（Tugwell, 1924），克拉克的"经济学最近的发展"一文探讨了制度主义经济学的"现实主义的、归纳的方法"以及凡勃伦等人的贡献。此外，这一时期的制度主义者为数不多的经济学理论贡献也来自哥伦比亚大学，那就是克拉克完整地阐述的乘数理论和加速数原理（Clark, 1917），他首创的营业成本（overhead cost）概念及理论（Clark, 1924），以及后来他发展的"可竞争"（workable competition）市场理论（Clark, 1940）。米切尔领导的经济周期研究无疑是哥伦比亚大学制度主义者的最大贡献，出版了标志性成果《经济周期：问题与解决办法》（*Business Cycles:*

The Problems and Its Setting）。① 在社会控制问题上，克拉克的经典著作是这方面的代表（Clark, 1926）；特格维尔对大企业管制问题也有所贡献（Tugwell, 1921）。与此相联系，伯利和米恩斯出版了《现代公司和私有财产》这部经典著作，探讨了所有权和控制权分离后的大企业的行为（伯利、米恩斯，1932）。除了这些影响较大的成果之外，哥伦比亚大学的制度主义者在劳工问题、社会保障、统计学、具体产业研究等方面也有丰硕的成果（Rutherford, 2001）。

制度主义运动期间与哥伦比亚大学有关的一个重要事件是米切尔领导的国民经济研究所（NBER）的成立。1920 年成立的 NBER 尽管与哥伦比亚大学没有隶属关系，但米切尔通过他在哥伦比亚大学的影响，网罗了该校一大批优秀人才参与到 NBER 的研究工作中来，为制度主义的经验研究作出了突出贡献。米尔斯、索普、库兹涅茨、沃尔曼、阿瑟·伯恩斯（后接替米切尔领导 NBER）等人先后成为 NBER 的研究人员。NBER 不仅吸引了制度主义者，也吸引了一些注重经验研究的正统经济学家，比如弗里德曼（Milton Friedman）、阿布拉莫维茨（Moses Abramovitz）等。

哥伦比亚大学的其他学科也为制度主义运动提供了有力的支撑。制度主义运动处于高峰时期的 20 世纪 20 年代，哲学家杜威（John Dewey）、社会学家奥格本任教于哥伦比亚大学。杜威及其前辈的实用主义哲学是制度主义经济学的重要哲学基础，奥格本关于非物质文化的发展滞后于物质方面的发展的观点与凡勃伦如出一辙。此外，作为制度主义的重要盟友的现实主义法学，其大本营也在哥伦比亚大学。现实主义法学的代表穆尔（Underhill Moore）、卢埃林（Karl

---

① 国内译本将书名译为《商业循环问题及其调整》。见本书参考文献（米切尔，1927）。

Llewellyn)就任教于哥伦比亚大学,并与克拉克等人一起主持经济学、法学和政治学的讨论(Rutherford, 2001)。

2. 威斯康星大学

康芒斯领导的威斯康星大学的制度主义特别强调劳工问题和劳动经济学的研究,以及康芒斯主张的法律—经济分析,二者相辅相成。制度主义运动开始之前,康芒斯主持完成的11卷本的《美国产业协会历史档案》(*A Documentary History of American Industrial Society*,出版于1910—1911年)和4卷本的《美国劳工史》(*History of Labor in United States*,分别出版于1918年和1935年)已经奠定了威斯康星大学在劳工问题方面的权威地位。康芒斯培养的学生也有很多人从事劳动经济学研究,其中不乏权威人士。比如康芒斯的第一批博士生中的海伦·伍德伯里(Helen S. Woodbury)与他人合著的《劳工问题》曾是广为使用的教科书,塞利格·珀尔曼(Selig Perlman)是研究欧洲和美国劳工运动的权威,主要研究失业问题的萨默尔·斯利科特(Sumner Slichter)是第一个提出"技术性失业"这一概念的经济学家(Rutherford, 2004)。与劳工问题相联系的社会保障问题是威斯康星大学的制度主义者研究的另一重要领域。他们的成果主要体现在对美国社会保障立法的影响上(后述)。

康芒斯倡导的法律—经济分析的标志性成果是他1924年出版的《资本主义的法律基础》(康芒斯,1924)。书中,康芒斯通过法庭判例这种业务规则(working rules)的演化,分析了作为"运行中的机构"(going concerns)的制度存在的问题,阐明了需要通过提高在经济地位上处于劣势的阶层(劳动者)的谈判力,来实现改善资本主义经济体系的运行这一核心思想(康芒斯,1924)。这部著作不仅是制度主义的经典理论著作,也成为康芒斯和威斯康星大学的制度主义者行动的指南。

与其他大学相比，威斯康星大学的制度主义者的另一显著特征是与政府有着更密切的联系。在"进步运动"时期，威斯康星州的政治家就是实践"进步运动"政治观念的典型。康芒斯和他的同事在这样的环境下，找到了实践诸多制度主义政策理想的良好场所。比如曾任州长的老拉弗雷特（Robert M. La Follett, Sr.）竭力支持康芒斯的改革主张。威斯康星的很多制度主义者通过进入这个州的各种委员会，对立法工作产生了重要影响。

威斯康星大学的制度主义者对制度主义运动的贡献主要在于实践方面，我们将在下一节叙述他们的影响。也正因此，威斯康星大学的制度主义思想主要集中在康芒斯身上得以体现。其他人在制度主义方法和理论方面作出的贡献远远不及制度主义运动的另外两个大本营。

3. 阿默斯特学院—布鲁金斯研究生院

汉密尔顿是制度主义运动的第三个大本营的领袖。与制度主义运动的其他领袖相比，汉密尔顿的制度经济学独具特色：他不仅直接继承了凡勃伦比较激进的制度主义观，还融合了社会学家库利的思想。像凡勃伦一样，汉密尔顿常常通过历史的追根溯源来讨论问题。他从前资本主义社会的庄园制度开始，探讨现代资本主义制度的起源和发展。这个发展过程既包括了技术的发展及其最终结果——大机器工业的大规模生产，也包括财产和契约、市场的兴起、金钱目标和激励手段的采用、公司组织形式的出现，以及他所说的经济控制体制或凡勃伦所说的金钱秩序的兴起这样一个复杂的制度发展过程（Hamilton, 1919b）。像凡勃伦一样，汉密尔顿将现代社会的问题归结为经济的组织和控制形式滞后于生产技术的发展。生产过程由大企业控制，而对大企业的控制还是按照传统经济学的市场方法。这样的经济秩序必然出现失调。因此，经济学的任务就是设计一个机制对大企业进行控制和引导。这个任务远非坚持自由市场信念的传统经济学能够完成（Hamilton, 1919a）。

尽管思想上与凡勃伦一脉相承，但汉密尔顿关心的不是去发展分析性的理论，而是大力提倡去解决实际问题。这在他的教育理念中有明显的体现。他主张经济学教学应该关注"问题而不是艺术，关注考察而不是关注学术范畴"。在教学中应该"讲授处理问题的艺术，而不是传授已有的知识；[教学的]目的是训练能工巧匠，使他们对社会变迁的知识的引导有所贡献"（转引自 Rutherford, 2003b, 第624页）。也正因此，汉密尔顿在制度主义运动中所起的作用主要表现在他的教育活动中。

1915—1923年间，汉密尔顿负责阿默斯特学院经济系的工作，与另一位很有影响的制度主义者斯图尔特以及第二次世界大战后对制度主义学术传统的传承起到关键作用的艾尔斯一起展开改造经济学教学的计划。他们坚持以问题为中心的教学方法，向学生剖析"金钱秩序"的问题，灌输制度主义信念。制度主义运动的一些关键成员在这里接受了洗礼：后任密歇根大学和康奈尔大学经济学教授的莫里斯·科普兰，他在国民收入核算方面有突出贡献（Rutherford, 2002）；后来到哥伦比亚大学的劳工问题专家古德里奇；后来同样到哥伦比亚大学的统计学家索普（1947年任美国主管经济事务的助理国务卿）；后来到威斯康星大学的失业问题专家卡尔·劳申布什（Carl Raushenbush）等等。

1923年，汉密尔顿由于校方的原因离开阿默斯特学院，来到布鲁金斯研究生院。布鲁金斯研究生院的全称是"罗伯特·布鲁金斯经济学和政府研究生学院"（Robert Brookings Graduate School of Economics and Government，简称RBGS），由布鲁金斯发起成立，受到卡内基基金的资助，设在华盛顿特区。从1923年到1928年，汉密尔顿在这里继续着他在阿默斯特学院时期的经济学教育实验。在这里，汉密尔顿培养了一大批制度主义运动的中坚力量，其中著名的有：后到NBER、对美国联邦储备系统的货币政策有重要影响的文菲尔德·里夫勒（Winfield Riefler）；煤炭产业和失业问题专家、"二战"期间担任罗斯福总统特别顾问的鲁宾；"新政"期间起草了第一次农业调整法案、力主实行国民经济计划的莫迪凯·伊奇基尔（Mordecai Ezekiel）等。

制度主义运动的影响

对经济学的影响

制度主义运动以批评正统经济学、宣告制度主义学派的诞生而肇始，因而它对经济学的影响主要体现在强烈地侵蚀了美国人对正统经济学的信心、培养了一大批制度主义者或者有制度主义倾向的经济学家，使制度主义成为当时美国经济学界的一支重要力量。

制度主义这支重要的力量在这一时期的领军人物康芒斯、米切尔、克拉克、汉密尔顿等人名声显赫，前三人分别于1917年、1924年和1935年担任美国经济学会主席。制度主义运动的几个领袖除了在学界享有突出地位之外，还培养了大批制度主义者。1920—1946年，从美国各大学培养的经济学博士生数量来看，制度主义运动的两个大本营哥伦比亚大学名列第一，而且远多于排在其后的大学；威斯康星大学名列第四，但与排在第二和第三位的芝加哥大学和哈佛大学相差无几（Biddle, 1998; Rutherford, 2005）。汉密尔顿领导的布鲁金斯研究生院在1925—1930年间培养了66名经济学博士，在各研究生院中名列前茅（Rutherford, 2003b）。

除了培养制度主义者之外，制度主义运动所倡导的研究主题和研究方法还影响了一些著名的正统经济学家。被视为芝加哥学派鼻祖的弗兰克·奈特对制度问题的研究和兴趣直接源于凡勃伦，并且与后来的制度主义者艾尔斯等保持着密切的个人关系。可以说，奈特的思想在很大程度上受到制度主义者的启发。杰弗里·霍奇森（Geoffrey Hodgson）甚至认为奈特是一名制度主义者（Hodgson, 2001）。1937年和1938年弗里德曼和小克拉克的学生阿布拉莫维茨受米切尔之邀先后来到NBER。弗里德曼跟随库兹涅茨研究国民收入统计，并以此为基础完成了他的博士论文。弗里德曼始终对米切尔心怀感激与崇敬（Rutherford, 2001）。美国著名的凯恩斯主义者阿尔文·汉森（Alvin Hansen）是康芒斯的学生。凯恩斯主义在美国的传播得益于汉森的积极推动，而凯恩斯主义在美国的传播也是制度主义运动衰落的重要原因（后述）。尽管如此，汉森的思想仍然保留了制度主义的痕迹，他的政策主张与康芒斯的社会改革计划有着密切的联系（Rutherford, 2005, 2006）。

对政策的影响

作为倡导经济的社会控制的制度主义运动，它对美国的影响更主要地体现在政策方面。在劳动立法、失业和社会保障、经济计划、管制、货币政策等诸领域，制度主义者为美国的经济政策留下了丰富的遗产。

1. **大萧条之前**

进入 20 世纪之后，制度主义者开始活跃于美国经济政策领域。第一次世界大战期间，米切尔担任"战时产业委员会"物价部的主任，研究和解决战时物价控制问题，供职于这个部门的制度主义者还有斯图尔特、鲁宾和沃尔曼（Rutherford, 2001）。1921 年，米切尔担任当时的美国商务部长胡佛领导的"总统失业委员会"顾问。同年，他在参议院教育与劳工委员会举行的听证会上支持大规模的公共工程和政府经济预测服务，提出将自愿失业保险计划作为萧条期间保持购买力的措施（Dorfman, 1959）。第一次世界大战结束后，1918 年，汉密尔顿任职于"战时劳工政策委员会"，主要负责解决战后重建问题（Rutherford, 2003b）。在大萧条之前，对美国经济政策影响最大的制度主义者当属康芒斯，他几乎主导了威斯康星州的公用事业管制和劳动立法改革。1905 年，康芒斯与他的学生一起起草了"威斯康星州公共事务法"，1907 年又起草了"威斯康星州公共事业法"，1911 年完成了"工人赔偿法案"。同年，康芒斯主持成立了"威斯康星州产业委员会"。委员会由劳工问题中存在利益冲突的各方的代表和专家组成，对劳动争议进行调查，提出解决方案。康芒斯称这种委员会为政府的"第四个分支"，将其视为解决劳动问题，从而避免劳资双方阶级冲突的最佳选择（康芒斯，1924）。此后，成立委员会这种方式成为美国解决产业管制、劳资纠纷等问题的主要方式。1913—1915 年间，威尔逊总统任命康芒斯为"美国产业关系委员会"的专家。

在 20 世纪 20 年代，制度主义运动对经济政策最大的影响是培育了一种干预和控制意识。面对垄断取代了自由竞争成为经济的典型特征、贫富分化日趋严重、经济波动幅度不断加大、劳资冲突越发频繁这样的经济环境，政府对经济的控制成为必然的选择。制度主义者不仅在理论上明确阐述了政府控制的必要性，而且身体力行，普遍参与到政府活动中。此外，法学、伦理学、心理学、社会学等相近学科的大批学者从不同的角度支持了制度主义者的信念。学界的思想通过学者自己和媒体扩散到了社会各阶层，为政府干预创造了良好的舆论环境。

2. "新政"时期

大萧条为制度主义者提供了实践自己的政策主张的广阔空间。制度主义者普遍所持有的计划观念直接作用于罗斯福"新政"。通过参与"新政"政策的制定和执行，制度主义者成为"新政"的主力军（至少在"新政"的第一阶段）。在"新政"政府中具有重要影响的制度主义者有：特格维尔，"新政"初期罗斯福智囊团的三名重要成员之一，是对"新政"影响最大的制度主义者，1933年担任农业部部长助理；伊奇基尔，1933年"农业调整法案"的主要起草人，1935年后是"全国复兴总署"工业部成员；伯利，"新政"初期罗斯福智囊团的另一重要成员，起草了诸多重要法案；伊芙琳·伯恩斯，经济安全委员会顾问，1936年担任社会保障委员会主任；古德里奇，"重建行政和社会保障委员会"顾问；沃尔曼，"全国复兴总署"劳工顾问委员会主席，1933年年底以前是国家计划委员会成员；科普兰，1933—1938年担任中央统计委员会执行秘书；索普，1933年任"国内外商务局"局长，后成为国家资源委员会下属的工业委员会成员；里夫勒，"新政"执行委员会经济顾问，中央统计委员会主席；鲁宾，劳工统计委员会委员，中央统计委员会成员。

对"新政"影响最大的制度主义者当属身处"新政"核心决策

层的特格维尔和伊奇基尔。

特格维尔认为萧条的根本原因就在于私人企业的生产和价格政策。要改变这种状况,政府必须积极地、直接地介入企业的资本配置和价格制定,但并非国有化形式的介入,而是通过计划工作与企业形成一种合伙人关系。按照特格维尔设计的计划方案,每一个行业都成立一个行业协会。各个行业协会的代表,以及政府和公众的代表,共同组成"美国产业联合委员会"(United States Industrial Integration Board)这样一个中央计划组织,对各产业的生产、价格等方面的计划进行协调。而计划的制定和执行,则由各行业协会负责。计划的核心是各行业协会规定自己的产品的价格,使价格下降到企业不能积累剩余利润的水平。特格维尔相信,通过以上措施,中央计划机构可以构建一个涵盖消费模式、生产配额、价格以及资本配置的国民经济计划(Tugwell, 1933, 1935)。

伊奇基尔相信经济剧烈的周期性波动的主要原因在于固定资产投资的不稳定,他称为资本品工业的不稳定。资本品工业在经济繁荣时期的盲目扩张,导致萧条时期出现巨大的过剩生产能力;这个行业的困境扩散到其他行业,使整个工业陷入更严重的萧条。要解决这种困难,必须对资本品工业的投资制定长期的预算计划。他设计的"工业扩张计划"(Industrial Expansion Program)要求在每一个关键产业都建立一个负责计划每年的产量的机构。各产业之间相互检查和协调各自的产量,以确保平衡的工业扩张。中央计划机构"工业扩张总署"(Industrial Expansion Administration)负责对工业扩张计划进行管理,其任务是确认每个产业的年产量。政府将购买在计划执行中企业没有销售的存货。这也是两个《农业调整法案》中的"常平仓"(ever-normal warehouse)措施的来源(Ezekiel, 1939; Ezekiel and Rowe, 1939）。

制度主义对新政的影响我将在下一章详述。

制度主义运动的结局和教训：SSK 的分析

制度主义运动进入 20 世纪 30 年代后半期后开始走向衰落，在 40 年代中期以后几乎完全销声匿迹。制度主义运动的衰落也就意味着制度主义这一思想流派的衰落，同时也意味着美国经济学多元时代的终结。我首先分析制度主义运动衰落的原因，然后结合科学知识社会学的某些观点，从制度主义运动的衰落中得出一些引以为戒的教训。

制度主义运动的衰落

制度主义运动的衰落表现为它的三个大本营的衰落。在哥伦比亚大学，制度主义者遭到越来越多的攻击，他们的影响日渐弱化。这里的经济学开始逐渐转向正统学说。先期来到哥伦比亚大学的哈罗德·霍泰林（Harold Hotelling）以及后来的弗里德曼、乔治·斯蒂格勒（George Stigler）、阿尔伯特·哈特（Albert Hart）、威廉·维克里（William Vickrey）等人开始逐渐取代米切尔、克拉克等人的位置。1944 年，米切尔退休；克拉克 1953 年退休。50 年代以后的哥伦比亚大学已经再也没有制度主义者的位置（Rutherford, 2001）。在威斯康星大学，制度主义的衰落更早一些。由于康芒斯和他的学生将主要精力放在政策设计上，康芒斯的学生中留在威斯康星大学任教的人很少；加之大萧条后威斯康星大学出现严重的财政困难，难以聘请高水平的经济学家；而康芒斯等人关注的劳动立法等问题逐渐被归为公共政策和行政领域，被纳入新成立的公共管理和产业关系学院的研究，威斯康星大学的整个经济学都走向了衰落（Rutherford, 2005）。在汉密尔顿那里，布鲁金斯研究生院1930年解散。汉密尔顿1928年到了耶鲁大学法学院，尽管继续着通过法律体系对经济实施控制的研究和实践，但已不再以培养制度主义者为主要任务。1948年，汉密尔顿退休后加入了一家律师事务所（Rutherford, 2003b, 2004）。

是以下原因直接导致了制度主义运动以及制度主义经济学的衰落：

首先，随着凯恩斯主义在美国的传播，正统经济学又重新唤起了人们对它的信心。凯恩斯主义经济学更加严密的逻辑在与制度主义者相对零散的观点的对比中占得上风，它对大萧条原因的解释也更有说服力，很快吸引了大批经济学家，包括一些制度主义者，比如科普兰；克拉克对凯恩斯经济学也表现出明显的好感（Rutherford, 2006）。

其次，计量经济学的兴起使制度主义面临严峻的挑战（这是第10章的主题）。此前，正统经济学在制度主义者倡导的度量观念面前无以应对，使米切尔在NBER领导的研究成为当时唯一能够对经济问题进行检验和预测的经济学。但20世纪30年代计量经济学兴起后，由于制度主义者从事的数理分析缺乏系统的理论支撑，在与计量经济学的对比中逐渐失去了支配地位。库普曼斯（Tjalling C. Koopmans）甚至直接攻击制度主义者的工作是"没有理论的度量"（Koopmans, 1947）。

第三，制度主义者逐渐失去了他们的"盟友"。这一时期，社会学开始与经济学明显地区别出来，成为了一门独立的学科；心理学也从制度主义者所信奉的本能—习惯心理学转向了行为主义；法学中的现实主义和实用主义哲学在美国也正在失去其特殊的地位。失去了其他学科的支持，制度经济学面临着一个尴尬的局面：它的理论基础正受到来自它原来所依赖的那些学科内部的挑战，这些学科的专业化逐步加强，但制度经济学却还没有形成成熟的体系，它要依赖于其他学科，但其他学科正在抛弃它。

最后，在挑战面前，制度主义阵营内部开始分裂。1934年康芒斯的《制度经济学》出版后，部分制度主义者对康芒斯的理论还能否称为制度经济学表示了怀疑（Rutherford, 2001）。1944年，对后来的制度主义产生了重要影响的艾尔斯的《经济进步理论》出版后，遭到了一些制度主义者的批评，克拉克的反应也非常冷淡，而多尔夫曼在他的美国经济思想史的宏篇巨著中对这本书只字不提（Dorfman, 1959）。

教　训

这些原因只不过是导致制度主义运动以及制度主义经济学衰落的表面现象。借用SSK巴黎学派的代表、法国人拉图尔所倡导的"行动者—网络分析"方法（拉图尔，1987；拉图尔、伍尔加，1986）来说，制度主义运动衰落的根本原因，在于制度主义者没能形成一个足够强大的"网络"，从而在与正统经济学的较量中败下阵来。或者说，制度主义的"网络"中缺少了统一的理论体系这一最关键的元素。

拉图尔认为，与一种科学理论或者理论体系有关的一切事实、人物、金钱、方法论原则、理论、工具、机制、实践、组织等等，都是科学的社会建构中的物质的和非物质的行动者，所有这些行动者构成了一个网络，它支持并认可其中的每一个元素。这个网络越大，或者说将新的元素与网络结合起来的能力越强，这种科学取得成功的可能性就越大。一个网络的吸纳能力越强，甚至将竞争性网络中的元素吸纳为自己的元素，那么这个网络以及它所坚持的信念就会得到更好的维护，越有可能击败竞争者而成为主导性的知识（拉图尔，1987）。

制度主义运动时期，尽管制度主义经济学在美国经济学界稍占上风，但古典经济学、边际主义和处于成型时期的新古典范式这些正统经济学说也不乏支持者。正统和非正统两个阵营都在构建自己的"网络"。从制度主义这方面来说，它的"行动者"包括米切尔、康芒斯、克拉克等在学界举足轻重的人物，包括"制度主义运动"这一实践制度主义者主张的事实本身，包括NBER这样的著名组织，也包括NBER等研究组织从洛克菲勒基金、卡内基基金等机构得到的巨额资助。可以说，制度主义的行动者们在这些方面的行动能力超过了正统经济学。但对制度主义来说，最致命的是，它对理论体系的构建并不积极。制度主义者纷纷把精力集中在解决现实问题上，使得凡勃伦建立的制度主义的庞大体系没有得到清晰的解释和提炼；康芒斯自己那个同样庞大、而且表达晦涩的理论体系也仅仅是他自己的行动指南，没有得到普及；米切尔沉迷于经济周期的研究，但是重点在于对经济周期的统计描述和预测，而非经济周期理论；克拉克尽管在营业成本、加速数等问题上开研究之先河，但在理论细节上的突破并不足以支撑制度主义的整个理论大厦；汉密尔顿等其他杰出的制度主义者同样只留下了供后人去发掘的思想。这样，制度主义的"网络"中缺少了一个足以吸引更多元素的核心。加之制度主义的诸多学术盟友——比如本能—习惯心理学、现实主义法学、实用主义哲学——开始转向或者日渐式微，原有的一些行动者离开了制度主义的"网络";而且制度主义也没有努力向欧洲这一当时的经济学学术中心扩大他们的影响力。

正统经济学同样在构建自己的网络。这一时期，除了 J. B. 克拉克之外，费雪、陶西格、瓦伊纳、奈特等美国杰出的正统经济学家的影响远不及制度主义的领军人物；他们的实践、组织、金钱等这些行动者的行动能力也无法与制度主义相提并论。但是，正统经济学抓住了理论构建这一网络的核心，并且为他们的网络穿上了一件漂亮的外衣。从这个时期开始，正统经济学面对自由竞争经济日益被大规模企业支配的经济取代这一事实，在自己的理论体系内部开始发展垄断竞争或者不完全竞争理论；到 30 年代提出成熟的垄断竞争或者不完全竞争理论后，正统经济学理论体系取得了增量上的发展。同时，分析工具的创新（比如无差异曲线这个工具的普及）为巩固边际革命的成果提供了保障。面对失衡的自由市场经济体系，凯恩斯革命同样从正统经济学理论内部进行了重大修正。这样，正统经济学网络的核心不断得到加强。另一方面，正统经济学不断吸纳新元素补充自己的网络，而且还吸纳了一些制度主义阵营中的元素，比如克拉克从米切尔的经济周期分析中衍生出来的加速原理以及乘数和加速数的相互作用，后来成为萨缪尔森对这个问题的分析的思想源泉之一（Fiorito, 2006）。此外，30 年代欧洲密布的战云让一批经济学家移居美国，加强了正统经济学的网络。

理论上的工作和强援的到来开始分解制度主义的网络，但真正让制度主义在网络的竞争中败下阵来的，还是正统经济学网络编织它那件漂亮外衣的努力——"形式主义革命"。严格地说，经济学中的"形式主义革命"发生于 20 世纪 50 年代之后（Blaug, 2003），但这一时期已经开始酝酿这场革命，那就是考尔斯委员会

（Cowles Commission）大力倡导的计量经济学登上了经济学史的舞台。计量经济学的出现使得制度主义不再是惟一能够进行度量和经验检验的经济学，而且，在强大的理论支撑下，正统经济学开始藐视制度主义者进行的度量和检验。比如库普曼斯就毫不客气地指出，米切尔的统计工作完全是"没有理论的度量"（Koopmans, 1947）。

第8章

制度主义者对"新政"的影响

对罗斯福"新政"的经济学理论基础的研究大多来自历史学文献,经济思想史文献对这一问题鲜有提及。经济思想史关注的固然是经济理论的发展,对经济现实的探讨不是这一学科的重点,但任何理论都离不开培育它的环境,经济思想史当然不能忽视理论背景的研究。遗憾的是,即便在探讨理论背景的经济思想史文献中,我们也很难找到对"新政"的经济学理论基础的分析。

历史学文献对"新政"的经济学理论基础的研究,主要围绕凯恩斯主义对"新政"的影响这一主题,大致有三种看法:凯恩斯主义是"新政"的理论基础,"新政"的理论基础并非凯恩斯主义,凯恩斯主义只是影响了后期的"新政"(刘绪贻,1991)。无论是哪一种观点,几乎都没有明确地指出:制度主义对"新政"产生了深刻的影响。① 究其原因有二,一是人们有意无意地回避了制度主义的影响,二是研究者对制度主义知之甚少。

本章将阐明制度主义者在哪些方面、通过哪些方式对罗斯福"新政"产生了深刻影响,并且指出,从经济学的角度来看,"新政"的出现得益于20世纪前20年的"制度主义运动"在美国经济学界营造的一种激进氛围。另一方面,本章将采用科学知识社会学的某些方法,探讨经济思想史主流文献忽视制度主义者对"新政"产生重要影响这一事实的原因,以期拓展经济思想史研究的视角。

"新政"的经济学氛围:制度主义运动

"新政"的国家干预措施之所以得以实施,与美国社会早已形成的支持政府干预经济的思想意识氛围密不可分。这种氛围的营造归功于19世纪末学界和社会各阶层对自由放任的反思与批判,以及20世纪初的"进步运动"。"进步运动"这一社会运动结束后,它所诉求的反垄断、反不公平、反自由放任的运动并没有停歇,比如制度主义者在经济学界继续着这些努力。制度主义者在学术上反对正统经济学的自由放任主张,在政策上力主国家干预,成为20世纪整个20年代到30年代初美国经济学界的主导力量,对美国各州及联邦政府的政策产生了重要影响。

制度主义运动的最大贡献是培育了一种干预和控制的意识。面

---

① 胡新勇(2005)尽管提到"早期制度学派的经济思想"是罗斯福"新政"的思想渊源之一,但没能阐明制度学派的经济思想如何影响了"新政"。

对垄断取代了自由竞争成为经济的典型特征、贫富分化日趋严重、经济波动幅度不断加大、劳资冲突越发频繁这样的经济环境，政府对经济的控制成为必然的选择。制度主义者不仅在理论上明确阐述了政府控制的必要性，而且身体力行，普遍参与到政府活动中。此外，法学、伦理学、心理学、社会学等相近学科的大批学者从不同的角度支持了制度主义者的信念。学界的思想通过学者自己和媒体扩散到了社会各阶层，为政府干预创造了良好的舆论环境。当然，反对者同样存在。但就经济学界而言，这一时期的正统经济学家们很少再坚持彻底的自由放任信条。他们对制度主义者的批评更多针对的是思想，而非其政策主张（Dorfman, 1959）。这样的舆论环境以及与政府建立的合作关系，为制度主义者广泛参与"新政"的政策制定和实施打下了坚实的基础。

制度主义者对"新政"的影响

制度主义者对"新政"的影响表现在两个层次。首先是制度主义者的思想、尤其是他们的计划观念产生的影响；其次是制度主义者个人在实际工作中产生的影响。

制度主义者的计划观念

从性质上看，影响"新政"的制度主义者的经济计划是保守而非激进的。[①]他们并不想颠覆现存经济社会的制度基础，只希望对

[①] 在制度主义的创立者凡勃伦的思想中，包含了比他的继承者们更多的激进成份。经过米切尔、康芒斯等人的改造，制度主义的激进色彩已大大地淡化了。

资本主义经济体系进行修补，尽可能地消除经济利益上的冲突，保证经济的安全，让技术进步的成果惠及社会的每一个成员。米切尔、克拉克、特格维尔等人都认为，国民经济计划必须结合现存的经济秩序才能取得成功。在他们看来，经济计划的核心是提高生活水平。这一目标包含了两方面的内容：一是保证已有的生产能力发挥最大的功效，二是逐步扩大生产能力。要实现这一目标，就需要对经济过程进行控制（Gruchy, 1939）。在不改变现存制度基础的条件下，通过政府对经济过程的控制，提高经济福利水平，缓解和消除社会矛盾，这也正是"新政"的思路。

米切尔和克拉克的计划观念可以很好地反映出制度主义理论与政策主张的结合。他们分别将自己的计划观念建立在对经济周期和营业成本的理论分析基础之上。米切尔在"社会科学与国民计划"一文中概括了自己的计划思想。在他看来，经济体系的自动调节功能是有缺陷的，使得经济周期不可能被成功地"熨平"。产生萧条、失业等经济困境的根本原因，在于社会经济组织的进步与生产技术的发展无法保持同步这种"文化滞后"（cultural lag）现象。也就是说，工业生产技术的发展已经改造了生产体系和经济体系，比如垄断企业已经成为经济的主导力量，社会对这种变化的反应远远地落后了。因此，需要用国家层面上的计划消除这种滞后。他建议通过顾问性质的国家计划委员会的研究，来制定详细的计划方案（Mitchell, 1935；也见 Hill, 1957）。

克拉克的经济计划思想集中体现在《经济的社会控制》（*Social Control of Business*, 1926）一书中。他的计划思想直接源于他早期对营业成本问题的分析（Clark, 1924）。生产企业负担着大量闲置的资本或者生产能力，这种营业成本是沉重的社会成本，反映出巨大的社会层面的无效率，使社会表现出一边是大量闲置的生产能力，一边却是低生活水平。尽管企业自身采取了计划手段来调节生产能力和产出水平，但个体的计划局限于企业内部，无法消除整个社会的生产能力闲置。因此，国家计划的目标就是针对社会的生产能力进行调节。克拉克设计的计划方案分为四个层次。第一个层次针对竞争性行业，比如农业、流通行业、小规模制造业。在这些行业，他建议通过同业公会的形式来执行国家计划，不需要对价格和生产进行政府控制，只需要限制它们在资本品方面的开支就能消除过剩的生产能力。第二个层次针对不完全竞争行业。政府对这些行业的价格和生产政策进行控制，接受控制的企业可以免除反托拉斯法的约束。政府的控制建立在对这些行业的经营效率的详细调查的基础上。第三个层次针对公用事业，第四个层次针对政府所有的生产企业。这两个层次的政府控制更为严格。制定计划的部门是"中央计划委员会"，委员会的功能在于"调查、建议、协调，而不拥有行政权力"（Clark, 1932, 第248页）。为了避免计划过程中产生集权的可能性，中央计划委员会只能对国会立法委员会提出建议，由国会立法委员会通过立法形式来实施计划和政策。

制度主义者个人对"新政"的影响

制度主义者普遍所持有的计划观念直接作用于"新政"，是通过参与"新政"政策制定和执行的广大制度主义者个人的力量。下表不完全地概括了在"新政"政府中发挥作用的制度主义者。

表 8-1 参与"新政"的部分制度主义者

制度主义者	在"新政"政府中的位置及影响
特格维尔	"新政"初期智囊团三名重要成员之一（另两名成员是同样来自哥伦比亚大学的莫利［Raymond Moley，任助理国务卿］和伯利），是对罗斯福和"新政"的直接影响最大的制度主义者，1933年担任农业部部长助理
伊奇基尔（Mordecai Ezekiel）	农业部经济专家，1935年后担任全国复兴总署（National Recovery Administration）工业部成员。1933年《农业调整法案》的主要起草人
伯利	"新政"初期智囊团三名重要成员之一，从罗斯福竞选总统开始就成为总统顾问，起草了第一个"百日新政"中的很多关键法案
伊芙琳·伯恩斯（Eveline Burns）	经济安全委员会顾问，1936年担任社会保障委员会研究部主任，对执行"新政"社会保障方案的行政人员进行培训
古德里奇	重建行政和社会保障委员会（Resettlement Administration and the Social Security Board）顾问
沃尔曼	全国复兴总署劳动顾问委员会主席，1933年年底前为国家计划委员会成员
邦布莱特	罗斯福顾问团成员
科普兰	1933—1938年担任中央统计委员会执行秘书
索普（Willard Thorp）	1933年国内外商务局（Bureau of Foreign and Domestic Commerce）局长，后成为国家资源委员会下属工业委员会（Industrial Committee of the National Resources Committee）成员。
里德（Louis Reed）	社会保障委员会成员，后任职于公共卫生署（Public Health Service）
里夫勒（Winfield Riefler）	"新政"执行委员会（Executive Council）经济顾问，中央统计委员会主席
鲁宾（Isador Lubin）	1933年被任命为劳工统计委员，是中央统计委员会成员，国家资源委员会下属工业委员会成员（在二战期间是罗斯福的特别顾问）
其他	基斯林（Oscar Kiessling）：矿产局任职；查莫斯（Henry Chalmers）：商务部关税局局长；特鲁斯德尔（Leon Truesdell）：人口普查局人口部部长；托马斯（Woodlief Thomas）：美联储研究和统计局任职；迈尔斯（Norman Myers）：石油部内务局任职；扬（William Young）：农业部任职；基泽（Dexter Keezer）：全国复兴总署消费者顾问委员会成员

资料来源：根据伯恩斯（1956）、Dorfman (1959)、Rutherford (2001, 2002, 2003a) 相关内容整理。

当然,"新政"期间,大批经济学家参与了政府的工作,其中也包括正统经济学家。要证明制度主义者对"新政"的重要影响,还需从"新政"的核心决策层中去发现制度主义者的作用。上表中的特格维尔、伊奇基尔和伯利三人在"新政"初期就是罗斯福身边的主要经济学家。通过他们的思想,不难看出制度主义的主张与"新政"理念和政策的高度吻合。我们以特格维尔和伊奇基尔的思想为例来说明这种影响。

特格维尔(Tugwell, 1933, 1935)认为工业部门、尤其是大企业的行为要对经济萧条负主要责任。在经济体系不能对资本的运用以及商品的价格进行控制的情况下,社会虽然取得了巨大的技术进步,但技术进步的利益以巨额收益的形式归大公司所有,而不是通过降低了商品的价格使消费者实际购买力增加,从而惠及大众。企业自由地将巨额利润用于固定资产的再投资,导致了生产能力过剩这种形式的巨大的社会浪费。由私人企业配置资本的结果,是经济繁荣时期产生的技术性失业;而在萧条时期,由于市场萎缩,私人企业实行的减少产量来保持价格的策略又造成了周期性失业。私人企业配置资本和控制价格的权力不仅造成工业的灾难,还祸及农业。在减少产量从而使工业品价格得到维持的情况下,农产品市场必然萎缩。在萧条中,由于消费者购买力的锐减使整个农业经济结构陷入混乱。因此,萧条的根本原因就在于私人企业的生产和价格政策。要改变这种状况,政府必须积极地、直接地介入企业的资本配置和价格制定,但并非国有化形式的介入,而是通过计划工作与企业形成一种合伙人关系,在这种合伙关系中,政府的地位要高于私人企业。

按照特格维尔设计的计划方案,每一个行业都由该行业内各企业的代表组成一个行业协会,行业协会成立自己的计划委员会,由委员会设计各种计划工具。各个行业协会的代表，以及政府和公众的代表，共同组成"美国产业联合委员会"（United States Industrial Integration Board）这样一个中央计划组织，对各产业的生产、价格等方面的计划进行协调。而计划的制定和执行，则由各行业协会负责。计划的核心是各行业协会规定自己的产品的价格，使价格下降到企业不能积累剩余利润的水平。要实现这一方案，需要建立一个"产业复兴基金"，基金来自对工业品征收的3%的特许税。产业联合委员会将基金分成三等份，一份用于奖励执行计划的产业，一份用于帮助企业支付股息，一份用于支付失业保险。在企业不能执行计划的情况下，特格维尔提出通过征收未分配利润税的方式来分配它们的剩余利润。通过计划，私人配置资本的权力得到遏止，这在特格维尔看来就掐断了经济混乱的源头。

特格维尔相信，通过以上措施，中央计划机构可以构建一个涵盖消费模式、生产配额、价格，以及资本配置的国民经济计划。但是，他并没有展望这个计划的前景，因为制度主义者普遍信奉的实用主义哲学使他提出，在执行计划的过程中应该通过试错的方式寻找最好的平衡生产和消费的手段，以保障计划方案涉及的所有人的合法利益。

伊奇基尔在1939年比较系统地整理了他的计划思想和早已付诸实践的政策主张（Ezekiel, 1939; Ezekiel and Rowe, 1939）。同米切尔、克拉克、特格维尔一样，伊奇基尔相信经济剧烈的周期性波动的主要原因在于固定资产投资的不稳定，他称之为资本品工业的不稳定。"在很大程度上，资本品工业在我们的经济中与日俱增的重要性，以及它的预期不稳定性表明，是它导致了过去20年中经济活动的剧烈波动"（Ezekiel and Rowe, 1939, 第94页）。资本品工业在经济繁荣时期的盲目扩张，导致萧条时期出现巨大的过剩生产能力；这个行业的困境扩散到其他行业，使整个工业陷入更严重的萧条。要解决这种困难，必须对资本品工业的投资制定长期的预算计划。

伊奇基尔的"工业扩张计划"（Industrial Expansion Program）要求在每一个关键产业都建立一个由管理者、劳工、消费者和政府的代表组成的产业权力机构（Industrial Authority），负责计划每年的产量。各产业之间相互检查和协调各自的产量，以确保平衡的工业扩张。中央计划机构"工业扩张总署"（Industrial Expansion Administration）负责对工业扩张计划进行管理，其任务是确认每个产业的年产量。政府将购买在计划执行中企业没有销售的存货。这显然是两个《农业调整法案》中的"常平仓"（ever-normal warehouse）措施。

为了贯彻计划，需要通过立法来保证企业执行计划的产量。伊奇基尔的主张是征收工业品加工税。这种税收一方面控制了产量，另一方面也为政府购买剩余产品提供了资金。为了防止整个经济体系的生产效率水平停滞不前，伊奇基尔的计划允许效率最高的企业扩大产量，同时也允许新企业的进入。通过扩大高效率企业的产量配额的方式对企业进行激励。每个产业年产量的 2%—5% 要留给这些高效率企业，而低效率企业的配额在下一年度将被削减。

伊奇基尔的计划并没有包含所有工业，而是仅限于那些竞争已失去调节作用的产业，比如钢铁、水泥、汽车、农机、铜、铝等行业。他认为这避免了全国复兴总署的失误，它正是将经济中太多的部门纳入到计划框架内，从而没有足够有效的行政权力去保证计划的施行。而且，他认为自己的计划在保证产量、就业和工资增长的同时，并没有提高总体物价水平。此外，伊奇基尔强调不能草率地实行计划。全国复兴总署的工业部门必须事先仔细研究关键行业的生产模式，估计各种关键工业品可能的供给和需求。

将位居"新政"核心决策层的这些制度主义者的计划思想、尤其是他们的政策主张以及详细的计划方案与"新政"措施进行对照，无论是农业的调整还是复兴工业的努力，制度主义者的主张都可以视为这些领域的改革的思想基础。至于本文没有提及的金融领域，尽管代表性的制度主义者没有直接参与，但他们的思想与这一领域的政策目的和诸多措施仍然是吻合的。而在公共工程和社会救济方面，前述克拉克和康芒斯的思想得到直接的体现，而且威斯康星州社会保障方面的诸多法规直接出自康芒斯和他的学生之手。

制度主义者的影响为何被忽视？

通过制度主义运动帮助营造了国家干预经济的观念氛围，通过从学理上对计划思想的清晰表达，加之直接地参与到"新政"决策和政策实施过程，制度主义者对"新政"的影响是不容质疑的。问题是，为何占支配地位的正统经济学文献（包括经济思想史文献）很少提及这一事实？[1] 我们可以从两方面来寻找答案。首先，制度主义作为一个非正统经济学派，自第二次世界大战后新古典经济学在美国经济学界确立其霸权地位以来，一直受到正统经济学的排斥甚至毁谤，这个学派消失在正统经济学文献的视野中便是正常的结果。其次，由于正统经济学的排斥，人们对制度主义曾经作出的贡献知之甚少，甚至对制度主义这个流派本身也不熟悉。历史学家自然不会把经济学内部发生的事件作为主要的研究对象，所以他们的叙述只停留在

---

[1] 在影响较大的经济思想史著作中，只有巴克豪斯的《经济学史》承认"罗斯福早在凯恩斯的书出版4年前就开始实施新政了，他的新政多归功于大力倡导经济计划的雷克斯福德·特格维尔"（巴克豪斯，2002，第313页）。但仍然没有明确特格维尔属于制度主义这个经济学流派。

影响"新政"的人物上,难以扩展到制度主义这个学派的影响。

根据上一章谈到的制度主义衰落的根本原因来看,随着正统经济学的网络越来越强大,它开始了击败制度主义这个竞争者的努力,就像库普曼斯那样,"破坏对手的网络而指出对手的缺陷"(Yonay, 1998,第115页)。在破坏制度主义的网络的同时,新古典经济学家通过"让他们的贡献看起来像是历史的自然发展而建构了他们的历史。……根据他们自己的说法来解释过去的故事,以证明自己的工作的正确性"(Yonay, 1998,第163页)。"胜利的范式总是修改它们的领域的历史"(Yonay, 1998,第49页)。正因此,在正统经济学培训系统中成长起来的经济学家没有机会去、也不会去关注制度主义,制度主义已经被正统经济学视为"不科学"的体系而抛弃;正统经济学文献中不会出现制度主义的历史。因为如果对制度主义加以肯定,或者哪怕是刺激了研究者的兴趣去发掘制度主义曾经产生的影响和做出的贡献,正统经济学就相当于自己去破坏自己的网络。

我要强调的是,按照SSK的观点,无论是网络的构建还是与竞争对手的较量,多数情况下都不是有意而为之。一种科学通过建立一个兴趣—利益同盟,就可以去发展壮大自己的网络。或者说,兴趣一致的人组合在一起,这不需要受命于谁。关键是这个组合随着网络的构建会形成一种一致的利益,只有留在这个网络中,才可能获得它带来的利益。于是,制度主义在这个网络中不再被提及,制度主义者对"新政"的影响自然也就被忽视了。正统经济学文献忽视了制度主义对"新政"的影响,不以经济学史为研究重心的历史学家自然不会注意到影响"新政"的那些人是属于一个经济学流派。

第四篇

美国经济学的转变

第9章
制度主义与新古典经济学的方法论之争

制度主义自诞生以来就与新古典经济学相对立，二者在方法论上一直争论不休。随着时间的推移以及新古典经济学本身的发展，制度主义与新古典经济学之间越发难以调和。接近第二次世界大战爆发的时候，两种理论传统围绕方法论问题发生了激烈的争论。争论的结果看似新古典经济学取得了胜利，从而逐渐在美国经济学界确立了它的霸权地位。作为这一篇的开篇，本章详细回顾这场方法论之争，以此说明美国经济学在多元时代结束后发生了什么样的转变。

经济思想史上围绕着方法论问题展开的争论，以施穆勒同门格尔之间的"方法论之争"（*methodenstreit*）最为著名。在这场争论爆发的同时，在美国经济学界，师承德国历史学派的年轻一代美国经济学家与信奉古典经济学信条的老一代经济学家，就经济学的性质、方法和范围等问题展开了类似的争论。此后，随着制度主义这一美国本土经济学流派的兴起，这场争论在制度主义者与新古典经济学家之间继续下去，从19世纪末一直延续到20世纪40年代末。

欧洲大陆的方法论之争为人所熟知，而美国经济学界的这场方法论之争却往往被忽视。为数不多的文献提及这场争论，但都很简略，而且没有将三个阶段串连起来（比如见塞利格曼，2010；Rutherford, 2004; Mongiovi, 1988）。这是一场不应该被忽视的争论，因为它不仅贯穿了美国经济学半个多世纪的发展史，而且更重要的是，这场争论的结果直接影响了20世纪50年代以后西方经济学的发展方向。虽然制度主义者在争论中最终不敌新古典经济学家，但是，争论涉及的诸多根本问题并未随着"新古典霸权"的确立而得到解决。在新古典经济学遭遇信任危机的今天，这些问题再度浮现，发人深思。

美国的方法论之争：历史回顾

美国经济思想史上的这场方法论之争经历了三个阶段。第一阶段几乎是欧洲大陆方法论之争的翻版，在时间上与欧洲大陆的方法论之争也几乎是重合的。第二阶段始于19世纪末，延续到20世纪20年代。以凡勃伦为首的制度主义者对古典/新古典正统经济学发起了颠覆性的批评，他的追随者在"制度主义运动"期间，在经济学理论和经济政策方面对新古典正统发起了全面挑战。第三阶段的争论发生在20世纪20年代末到40年代末。争论双方的代表分别是当时制度主义的领军人物米切尔与新古典经济学阵营中的计量经济学家，他们争论的焦点是经济学中的数量方法与理论之间的关系。

第一阶段：欧洲大陆方法论之争的翻版

美国内战结束后，伴随着经济快速增长，经济学在美国也取得了长足的进展。不过，许多美国经济学家并没有完全照搬英法古典经济学说，因为古典经济学在诸多方面不适应美国现实。首先，与英法相比，当时的美国还是一个落后国家，因此古典经济学的自由放任信条与美国的经济发展战略是相悖的，美国的崛起需要贸易保护战略的保障。其次，美国的自然禀赋以及与之相适应的经济发展特征，与古典经济学的一些基本假设和特定理论不相容。最后，当时美国的社会环境与古典经济学的诞生地英法也有不小的差异。在这种背景下，美国年轻一代经济学家摒弃了古典经济学，取得了诸多理论上的成就，引领美国本土经济学走上了一条自主创新之路。

在这个过程中，年轻一代经济学家与古典经济学的信奉者之间不可避免地爆发了争论。新一代经济学家的代表包括理查德·伊利、亨利·亚当斯、西蒙·帕滕等，老派经济学家则以西蒙·纽科姆、查尔斯·邓巴、威廉·萨姆纳等为代表。双方围绕着三方面的问题展开争论：（1）关于经济学的性质和范围，新派认为经济学是道德科学，其关注的核心问题应该是社会改革；老派则认为，要保持经济学的科学客观性，必须将科学考察与道德考量相分离。（2）关于政府在经济生活中的作用，新派认为政府在经济进步中将发挥必不可少的作用；老派坚持的是自由放任的立场。（3）关于分析方法，新派倡导的是历史—统计方法，老派推崇的是演绎法（Mongiovi, 1988）。

由于美国年轻一代经济学家大多有留学德国的经历，师从施穆勒、罗雪尔、瓦格纳、希尔德布兰德等新老历史学派经济学家，因此他们关于经济学分析方法的观点与历史学派如出一辙。比如师从瓦格纳的统计学家梅奥-史密斯（Richmond Mayo-Smith）指出，演绎法"虽然包含了真理的元素，但其本身是不完善的，有时候是不适用的，……它关于理论是普适的、恒久的这个假设……与常识截然相反"（Mayo-Smith, 1886, 第 81—82 页）。老派经济学家萨姆纳针锋相对地指出，历史—归纳法的倡导者"吹嘘摒弃科学方法，鼓吹进行描述，意在对政治经济学做出贡献，……这就像一个历史学家鼓吹抛弃寻求历史中的社会力量的努力，转而去描述皇室的婚姻和外交阴谋一样"（Sumner, 1885, 第 111 页）。

围绕着演绎法和归纳法孰优孰劣的争论，完全是施穆勒与门格尔之间的方法论之争的翻版。当然，发生在美国经济学界的争论中不乏调和与折中的声音，比如邓巴指出："新老两派的实质性区别在于对历史或者其相对重要性的强调程度的区别，"在于"是否将历史考察添加到现有的考察方法中去"（Dunbar, 1886, 第 1 页）。不过这种折中同样是欧洲大陆的方法论之争的翻版。施穆勒也曾指出："归纳法和演绎法都是这门科学所必需的，正像左脚和右脚都是行走所需要的那样"（转引自季德、利斯特，1986，第 459 页）。

第二阶段：制度主义对新古典经济学的批评和挑战

进入第二阶段后，美国经济学界方法论之争的重点已不再是归纳法和演绎法的优劣问题。19 世纪末、20 世纪初，随着制度主义这一美国本土经济学流派以新古典正统经济学的替代性学说的角色而兴起，方法论之争演变成为两种学术传统的对抗，而且在这场对抗中，新古典正统经济学完全处于下风。

凡勃伦率先发起了对新古典正统经济学方法和理论的批判。[①]

---

① 以下部分内容在第 4 章有过阐述，为保持思想史叙事的连贯性，下面的部分内容与第 4 章有所重复。

他把正统经济学的特征概括为"前达尔文主义"的研究方法。这种方法的目的是进行分类,对研究对象进行定义和划分;关注事物的原因和结果之间的稳定关系,不考虑从初始原因到最终结果之间的不稳定的过程或可能的转变。他把正统经济学的本质属性归纳为目的论和快乐主义这两个方面。目的论的源头是启蒙运动时期的自然秩序思想,重农主义者将其引入了经济学。自然秩序思想带有浓厚的万物有灵论的特征。生产的法则就是去适应这种上天所决定了的秩序。斯密接受了重农主义的思想,在他那里,自然秩序演变成了"看不见的手"。无论是"自然秩序"还是"看不见的手",它们既然支配着人类的经济行为,人类行为就必须以适应这些秩序为目的,这种秩序就成为了一个明确的方向,而且这一方向被认为是最好的、最有利的。这种目的论思想在正统经济学中的最终体现就是"均衡"观念。这个物理学概念引入经济学之后,目的论思想看似得到了科学的表述。但是,将人的行为,或者说人的精神活动等同于物理运动,这本身就是反科学的。而且,均衡被看成一个最终要实现的最优状态,这就假定了存在一个自我平衡机制,从而预期未来的运动也具有这种特征。目的论思想就这样规定了正统经济学的一般思维方式。

此外,目的论思想还使经济学将人类行为的目标限定在利益上。在重农主义那里,自然秩序体现为生产的秩序,此后正统经济学就把生产放在了经济活动的首位。对生产和生产力的强调,其实是对人类生存所必须的物质的强调。物品的价值体现在维持人类生存这一功能中。强调生产力,就使得经济学体系必然最终要归结到物质手段和金钱所得上。对物质手段的控制——所有权——是取得生产物的保证。在假定了所有权关系的正当性之后,物质手段和金钱所得最终为"利益"两个字所代替。功利主义成为了正统经济学的哲学基础之一，于是政治经济学被发展成为一种财富（在金钱意义上来使用这个词，将其当作要服从于所有权的事物）的科学。经济生活中事物的进程被当作一种金钱事件的序列，经济理论成为一种应该发生在完美状态下的理论，在这种状态下，金钱数量的交换不会受到干扰，也不会延迟。在这种完美状态下，金钱动机完美地发挥着作用，引导着经济人的所有行为"正直地、无差别地、坚定地以最小的牺牲寻求最大的收益"（凡勃伦，2008，第112页）。利益成为了人类行为的唯一目的。目的论和功利主义、快乐主义联系在一起，构成了正统经济学的哲学基础。

快乐主义把人视为一种能够"闪电般地计算快乐与痛苦的计算器"（凡勃伦，2008，第58页）。人没有主动的精神过程，快乐和痛苦是他们唯一的思维活动。快乐主义的核心是功利主义。功利主义成为经济学的基本信条之后，一个结果是使经济学关注的对象从生产问题转向了评价问题。评价是一种思维活动，环境对思维活动有着决定性的影响，但是正统经济学却恰好把环境视为静态的，把评价当成一个机械过程，产生一个同质的结果——最大利益或最小牺牲。在这种思维定式中，"人性因素就可以完全……消除，……所有制度特征也被消除了，……经济法则也逐渐成为财富和投资的各种要素……之间的代数关系的一种表达"（凡勃伦，2008，第113页）。一旦不考虑文化、制度环境的变化，给定人的单一特性，而且这种特性本身就具有数学特征，那么经济学的数学化就非常容易。正是因为以快乐主义心理学为基础的功利主义把人类的经济行为歪曲性地简化到了极限，对经济行为进行纯技术性的分析才成为可能。凡勃伦对此讽刺道："用数学的语言来说，效用的生产是人类愚蠢的乐观主义的函数"（凡勃伦，2008，第177页）。

凡勃伦对正统经济学的批判是颠覆性的，大大侵蚀了人们对正统经济学的信心，他所开创的学说也吸引了一大批追随者。1918年，他们把自己的学说命名为"制度经济学"（Hamilton, 1919），并掀起了一场反对正统经济学、改革经济学教学内容、提倡政府对经济进行干预、积极设计和参与各种社会福利改革方案的运动，史称"制度主义运动"。面对制度主义声势浩大的挑战，正统经济学虽然仍在美国经济学界占有一席之地，但显得难以应对这种挑战。直到1932年，正统经济学家才有了一次较为有力的反击。

1932年，美国经济学会组织了一次制度经济学研讨会。会上，制度经济学家与他们的批评者展开了激烈的争论。批评者之一休·弗莱彻（Hugh M. Fletcher）指出，从方法论上看，将新古典经济学视为演绎的，将制度主义视为归纳的，这种划分过于简单。他反对新古典经济学基于假设，而制度经济学基于事实这种说法。制度经济学家"是从他们想要的一些概念出发的——换言之，是带有目的性和先入之见的。这就扭曲了他们对事实的选择，从而会导致或多或少的不真实"（Kiekhofer et al., 1932, 第107页）。与新古典经济学一样，制度经济学也有假设，只不过制度经济学家的假设更多地是隐含的，隐含的假设随时间和空间而变化。也就是说，无论是对事实的选择，还是理论所依据的假设，制度经济学与新古典经济学存在同样的方法论问题。因此，"在时间进程中，随着物质条件和知识要素的变化，制度经济学和当前的经济学正统一样，都将被抛弃"（Kiekhofer et al., 1932, 第109页）。

这次研讨会上对制度主义最有影响的批评来自经济思想史家霍曼（Paul T. Homan），不过他的批评并非主要针对制度主义的方法。他肯定了凡勃伦让经济学成为一门演化科学的努力，但认为凡勃伦的追随者们并没有在这个方向取得太大的进展,除了否定古典/新古典经济学以及一些描述性的研究之外,制度主义者们没有表现出多少共同的一般性特征,因此"被称为制度经济学的经济知识体系或者理论,只是一种学术上的虚构","如果制度经济学意味着描述经济制度,或者分析经济制度的运行过程的一系列成果的话,那么每一个经济学家无一例外都是制度经济学家"(Homan, 1932,第11—12页)。霍曼虽然抓住了制度主义在知识体系和组织结构上比较松散这个缺点,但是并不能对凡勃伦的批评作出有力的回应。因此,在这个阶段的争论中,制度主义者占了上风。

第三阶段:没有理论的度量,还是没有度量的理论?

在第三阶段,尤其是在这个阶段的末期,情况发生了变化。这一阶段制度主义的领军人物米切尔深受凡勃伦影响,致力于运用统计方法去检验凡勃伦的理论。他与其他人一起于1920年创建了著名的国民经济研究所(NBER),对经济周期、国民收入核算、收入分配、物价、政府管制等问题开展数量研究,倡导通过经验研究来强化经济学的客观性。米切尔在1924年的美国经济学会主席演讲中,系统阐述了他在数量方法和制度分析上的主张。他首先指出,定性分析和定量分析是不可割裂的,杰文斯、马歇尔这样的经济学家也提倡需要通过统计学来证实和支持经济理论,但是他们的理论建立在主观的假设之上,因此这些理论的解释"更多地带有形而上学而不是科学的味道"(Mitchell, 1925,第4页)。在面对现实中的数据的时候,这种理论是根据主观条件来对数据进行解释。与之相反,制度主义者的出发点不是主观的假设,而是事实,他们所依据的理论是"度量客观过程的各种变量之间的关系的理论"(Mitchell, 1925,第5页),

这种理论来自凡勃伦。制度主义者在数量分析方面有明显的优势，因为"制度使行为标准化，从而便于统计程序的处理"（Mitchell, 1925, 第 8 页）。同时，制度主义者的数量分析也具备了充分的条件："统计数据的增加，统计技术的改进，……使经济学家能够更多地运用数量分析；……定量分析理论家通常发现，必须以不同于定性分析理论家所采用的方法来表述问题；这……将带来经济理论的巨变，特别是在更客观地处理人类行为，强调制度的重要性和促进实验技术的发展方面"（Mitchell, 1925, 第 8—9 页）。

米切尔的观点得到了制度主义者的普遍支持。莱昂内尔·伊迪（Lionel D. Edie）将此视为"数量和制度经济学的宣言，"认为米切尔表达了"大部分年轻一代经济学家的信念"（Edie, 1927, 第 417 页）。但米切尔认为"将退出数量分析家的工作视野"的那种"基于效用和负效用，或者动机，或者选择的整套推理"（Mitchell, 1925, 第 5 页）的支持者并不这样看。在 1928 年美国经济学会组织的一次讨论会上，瓦伊纳、陶西格、约翰·多布（John C. Dobb）等古典/新古典经济学家纷纷反对米切尔的观点，其中以芝加哥学派的奠基人之一瓦伊纳的观点最有代表性。他认为经济现象的影响因素非常复杂，因此有必要通过抽象来进行推理，经济理论正是如此产生的。对于米切尔倡导的方法，瓦伊纳认为那属于威廉·配第式的"政治算术"，并指出"很好地掌握经济理论会使政治算术家有更好的技艺"。也就是说，统计学等数量分析方法只不过是对古典/新古典理论的补充，于是，"至少在美国经济学界，不再有任何必要宣扬数量信念，需要的是敦促它的倡导者们以更宽容的态度对待老方法的优点"（Mills et al., 1928, 第 33—34 页）。

尽管遭到正统经济学家的反对，但在"制度主义运动"的背景下，这些反对难以撼动米切尔和NBER在当时美国经济学界的地位。在他的领导下，NBER的经验研究取得了丰硕的成果，尤其是在经济周期研究领域。1927年，米切尔的巨著《经济周期：问题及其背景》出版，这是米切尔倡导的经验研究的巅峰之作。进入20世纪30年代以后，在米切尔领导的NBER的经验研究不断取得进展的同时，正统经济学内部发生的一个事件——计量经济学的兴起——正在悄然改变争论双方的力量。1946年，当NBER经济周期研究的又一力作、米切尔和伯恩斯（Arthur F. Burns）合著的《度量经济周期》（*Measuring Business Cycles*）出版的时候，羽翼渐丰的计量经济学家马上作出回应，向米切尔发起了攻击。爱德华·埃姆斯（Edward Ames）批评了米切尔和伯恩斯拒绝运用经济周期分析的总体方法，认为他们把不同产业、不同层次的周期独立开来进行的分析是不成功的（Ames, 1948）。库普曼斯的批评更加激烈，他的文章标题就直截了当地指出，米切尔和伯恩斯的工作是"没有理论的度量"。

库普曼斯一来就指出，米切尔和伯恩斯的著作"根本没有借助任何……模型或者假设来对经济周期波动进行解释"（Koopmans, 1947, 第161页）。他以天文学为例来阐述科学发展的阶段，认为开普勒阶段的特征是得到"经验规律性"，而牛顿阶段的特征是得到"基本法则"，这标志着科学的进步。在经济学中，"伯恩斯和米切尔……书中的意图，代表着对经济领域考察的'开普勒阶段'的一个重要贡献。它只关注周期性波动。它……关注的是这种波动的特征，而不是人的基本经济行为"（Koopmans, 1947, 第162页），"理论经济学家的工具箱被有意地摒弃了"（Koopmans, 1947, 第163页）。库普曼斯的攻击本来并没有多少新意，仍然强调的是正统理论的优势。但在当时的背景下，他的攻击引起了NBER的震动。而米切尔年事已高，没有再作出回应。

20世纪40年代末，制度主义的影响已大不如前。伴随着计量经济学的兴起而发生的"形式主义革命"，使正统经济学在面对它没有经验检验的指责的时候不再无言以对，甚至它可以反过来攻击制度主义者的经验检验只不过是"没有理论的度量"。已经衰落下去的制度主义已无力回击库普曼斯的攻击。可以说库普曼斯为美国经济思想史上这场旷日持久的方法论之争画上了句号。但这并不意味着方法论之争中涉及的问题都已得到解决，相反，这些问题只是随着制度主义的衰落而暂时被掩盖起来。

方法论之争的背后

美国经济学界这场持续了近一个世纪的方法论之争的背后，是两种对立的学术传统之间的对抗，期间既有意识形态的冲突，也有两个学术传统为巩固自己的学术地位做出的努力，前者在第一阶段表现最为明显，后者则是后两个阶段方法论争论背后的实质。这场争论之所以发生在美国，是因为像德国一样，美国本土也产生了与英法古典学说相对立的经济思想。而这场争论之所以被忽视，是因为第二次世界大战后在美国确立了霸权地位的新古典学说有意识地忽略了这段历史。

第一阶段的争论主要反映出当时美国社会两种意识形态的冲突，一种在科学上和政治上都是保守的，另一种则是改革的。保守派笃信自然秩序与自由放任。比如信奉社会达尔文主义的萨姆纳在关于自由贸易与保护贸易的争论中指出："每一种税收或者对生产自由或交换自由的干预，都将造成抑制、混乱，……都将带来风险和困扰"，"我们否认政府能够向我们提供更好的东西，我们否认在这样的前提下可以建立任何理论","保护是进步的敌人"（Sumner, 1883，第5、10、11页）。纽科姆也认为："从根本上说，个人是对的，政府是错的；所有干预都倾向于导致无法预料的复杂情况——对政府来说，最好的做法就是拥护作为原则问题的自由放任政策"（Newcomb, 1870，第33页）。改革派则从美国实际出发，拒绝自由主义信念，将保护贸易作为保障美国崛起的国家战略。比如帕滕指出："贸易保护已经从为达到特殊目的的临时性权宜之计，转变为保持社会动力和进步的一种持续性的努力，……变成了增加劳动价值、提高生产力的一种固定的国家政策，其目的在于帮助知识和技能的传播，帮助人们进行调整以适应其环境"（Patten, 1890，第7页）。两种不同的意识形态自然产生了对待经济学的不同态度。前者相信经济学的普适性，后者则强调其在历史和地域上的特殊性。与当时欧洲大陆的方法论之争相呼应，这种对立自然表现为演绎法与归纳法之争。

进入第二阶段，由于制度主义的兴起，美国的方法论之争背后就不只是意识形态的冲突了。作为两种对立的知识体系，制度主义与新古典经济学之间的竞争是不可避免的。从科学知识社会学（SSK）的"行动者—网络分析"（ANA）的视角来看，与一种科学理论或者理论体系有关的一切事实、人物、金钱、方法论原则、理论、工具、机制、实践、组织等等，都是科学的社会建构中的物质的和非物质的行动者，所有这些行动者构成了一个网络，它支持并认可其中的每一个元素。这个网络越大，或者说将新的元素与网络结合起来的能力越强，这种科学取得成功的可能性就越大。一个网络的吸纳能力越强，甚至将竞争性网络中的元素吸纳为自己的元素，那么这个网络以及它所坚持的信念就会得到越好的维护，越有可能击败竞争者而成为主导性的知识（拉图尔，1987）。

　　凡勃伦以及他的理论和方法论原则是制度主义这种理论体系中最重要的行动者，并且缔造了制度主义的网络。古典／新古典经济学难以应对他的批评，表明他缔造的这个网络在与古典／新古典经济学的竞争中是具备优势的。他的追随者在制度主义运动期间的实践，以及他们建立的比如NBER这样的组织及其倡导的经验研究，从各种基金获得的研究经费的支持，对美国社会经济政策的制定产生的影响等等，都构成了制度主义这个网络中各种各样的行动者，它们一起扩大了制度主义的网络。但是，这个网络中各个元素之间的联系并不紧密，这正是1932年霍曼对制度主义的批评的核心：制度主义是一个如此松散的知识体系，以至于并不存在这样一个学派。不过，这个网络最核心的元素或者行动者——凡勃伦及其理论体系——并不是霍曼的批评对象。也就是说，他的批评并非针对制度主义的理论体系本身，而是针对它的网络。"破坏对手的网络而指出对手的缺陷"（Yonay, 1998，第115页），这是新古典经济学在与制度主义的竞争中尚未取得优势的情况下所能采用的最有效的方法。

　　针对米切尔倡导的经验研究的批评，同样没有触及制度主义的本质，只是围绕着归纳与演绎两种方法孰优孰劣、需不需要演绎抽象这类问题展开。尽管米切尔明确宣告，他的经验方法所依据的理论的内容，就是凡勃伦确定的研究主题："商业和工业的关系，赚取利润和生产货物的关系，经济生活的金钱阶段和技术阶段的关系"（Mitchell, 1925，第7页），但他的批评者无一例外都对这种理论只字未提。换言之，他们的批评针对的仍然只是制度主义的网络，而不是这个网络中最核心的元素。

如果单从技术角度而言，米切尔与他的批评者之间并没有根本的对立。熊彼特清楚地看到了这一点。他指出："要是米切尔较为清晰地把解释性假说意义上的理论，同分析工具意义上的理论区别开来，他本来可以多少防止这种争论的爆发"（熊彼特，1995，第593页）。但他们的争论并非只是技术上的，而是两种知识体系的竞争和对抗。表面看来，尤其是到了第三阶段，双方的争论是围绕着"没有理论的度量"还是"没有度量的理论"而展开，但争论的本质却是需要什么样的理论。米切尔和NBER的工作并非如库普曼斯所言，是"没有理论的度量"。熊彼特正确地指出，米切尔"无论从意图上来说，或是从事实上来说，他都在奠定一个'理论'的基础——一个经济周期理论以及一个经济过程的通论——不过是另外一种理论罢了"（熊彼特，1995，第594页）。说米切尔"没有理论"，实质上是说他没有新古典理论。遗憾的是，米切尔"一点也不想对工具意义上的'理论'进行技术上的细致改进"（熊彼特，1995，第594页）。凡勃伦的其他追随者们同样如此。这正是制度主义的衰落，以及制度主义在与新古典经济学的竞争中败下阵来的根本原因。

凡勃伦有一个庞大的理论体系，但他的追随者们没有对其进行清晰的解释和提炼，也没有去发展适宜的分析工具来运用这个理论，甚至像霍曼正确地指出的那样，凡勃伦的追随者们几乎忘记了将经济学发展成为一门"演化科学"这个目标（Homan, 1932）。直到20世纪70年代以后，凡勃伦的理论体系才得到清晰的阐述。米切尔自己的经济周期理论也直到1991年才被以研究经济周期著称的激进经济学家霍华德·谢尔曼（Howard J. Sherman）提炼出来（Sherman, 1991）。到了这时，新古典经济学的霸权地位已难以撼动了。

新古典经济学在与制度主义的竞争中取得了胜利，胜利者"让他们的贡献看起来像是历史的自然发展那样建构了他们的历史。……根据他们自己的说法来解释过去的故事，以证明自己的工作的正确性"（Yonay，1998，第163页）。于是，制度主义的文献因为"没有理论"而可以"一把火烧掉"。制度主义整个学派都被新古典经济学所抛弃，这场方法论之争自然也就很少被提及。但是，方法论之争涉及的问题并未因为新古典经济学的胜利而得到解决，这些问题在今天新古典经济学遭到信任危机之际再度浮现。

对方法论之争的反思

新古典经济学在今天受到越来越多的质疑和挑战，美国经济思想史上的这场方法论之争所涉及的问题再度浮现出来。在今天的背景下来反思以下这些问题，更能凸显这场方法论之争的意义。

首先，什么才是"科学"的经济学？

在经过了"形式主义革命"之后，新古典经济学更加明确地确定了经济学的研究对象——求约束下的最大化，或者理性选择。由于把人类行为高度简化，简化为能"闪电般计算快乐与痛苦"的同质的物体，各种数学工具便与经济学的研究主题高度契合在一起。经济学走上了表面上的"科学"之路——它可以像物理学那样进行精确的度量了。但是这种"科学"是以牺牲对复杂性的解释为代价，是通过限定研究对象和范围来实现形式上的"科学"。米切尔等制度主义者同样追求经济学的客观性和科学性，只不过他们的科学观念与新古典经济学大相径庭。卢瑟福这样来概括制度主义的科学观念："（1）致力于数据资料的收集、分析以及经验研究；（2）理论都是试验性的，受到关键现象的约束，要以经验考察为基础对其进行检验；(3)尽量保持'中立'的考察；(4)将一致的行为假设用于各个领域的研究；(5)要产生能够解决具体经济问题的知识"(Rutherford, 2000a, 第293页)。如果科学是一种形式，那么新古典经济学让经济学成为科学的目标；如果科学是一种工具，那么相信制度主义的科学观能够得到更多的认同。

其次，经济学需要什么样的理论？

如弗莱彻所言，新古典经济学和制度主义在理论上的区别并非演绎与归纳的区别那么简单，"制度理论家也不是在真空中开始构建他们的体系"(Kiekhofer et al., 1932, 第107页)。同样，新古典经济学的理论也不是凭空臆想出来的。两者的理论都是来自对现实的观察，都来自对现实的抽象。只不过，从源头上说，新古典经济学的前提和理论来自亚当·斯密等人对刚刚兴起的资本主义经济的观察和抽象，制度主义的前提和理论则是来自凡勃伦运用人类学知识对人类社会漫长的历史进程的观察和抽象。于是，自由市场机制和价格信号就是古典/新古典经济学理论的核心，而制度与技术的对抗及其带来的行为演变和社会变迁就是制度主义理论的核心。前者是静态的、机械的，后者是动态的、演化的。经济学需要的是哪一种理论？演化经济学（虽然不是以凡勃伦传统为主体）的兴起和迅速蔓延似乎给出了答案。

最后，经济学理论是普适性的吗？

如果从演化的角度来回答这个问题，那么答案就是否定的。经济思想史上的一些片断也对这个问题给出了否定的回答。历史学派在德国取得的成就以及德国的崛起，已经说明经济理论和经济政策具有历史和地域的特殊性。同样，美国的崛起在很大程度上得益于"美国学派"提出的切合美国实际的政策（贾根良，2010）；美国经济学之所以走上自主创新之路,是因为古典经济学不适应美国国情,美国经济学家联系美国实际建立了自己的学术传统。从根本上说,因为新古典经济学处于支配地位,才会在方法论之争中涉及这个问题。在新古典经济学受到广泛质疑的今天,这个问题的答案是明显的,因为新古典经济学解决不了所有问题。

第 10 章

考尔斯委员会与计量经济学的发展[①]

在制度主义与新古典经济学的争论和斗争中,一个与制度主义的衰落和新古典霸权的确立密切相关的事件,是考尔斯委员会(Cowles Commission)的成立及其对计量经济学的发展的支持。考尔斯委员会对后来正统经济学的"形式主义革命"也起到了重要作用。

考尔斯委员会的历史和贡献散见于几篇纪念文章(Arrow, 1952; Christ, 1952; Debreu, 1952; Malinvaud, 1952; Solow, 1952)。本章把考尔斯委员会在计量经济学发展初期所起的作用放到当时美国经济学的大背景下进行分析,阐明计量经济学于 20 世纪 30 年代兴起于美国的原因,并对考尔斯委员会对计量经济学、从而对整个西方正统经济学做出的贡献进行评价。

---

① 杨珂对本章内容的写作也有所贡献。

计量经济学和考尔斯委员会的诞生：背景

尽管早在 17 世纪就已经出现了对经济问题的数量研究，但作为一个经济学分支的计量经济学的兴起是 20 世纪 30 年代的事（佩沙兰，1987），其标志就是计量经济学学会的成立。1930 年 12 月 29 日，① 来自欧美的 16 位对计量经济学有浓厚兴趣的经济学家在美国克利夫兰召开了一次会议，在熊彼特的提议下，计量经济学学会宣告成立，美国经济学家费雪被选为学会的第一任主席；由挪威奥斯陆大学的拉格纳·弗里希（Ragnar Frisch）、美国的弗里德里克·米尔斯（Frederick C. Mills）和查尔斯·鲁斯（Charles F. Roos）组成的委员会起草了学会的章程；学会成立后，选举产生了 29 名会员。到 1931 年年底，学会会员增加到 173 人。

在计量经济学学会成立之初，由于缺乏经费，学会的活动受到很大的限制。这时，一个投资咨询公司的老板、热衷于股票市场预测研究的阿尔弗雷德·考尔斯（Alfred Cowles）由于在股票市场预测方面碰到了困难，准备成立一个学会专事这方面的研究，并且愿意资助出版一份期刊以发表研究成果。费雪得知他的想法后，1931 年 10 月，他与鲁斯和考尔斯三人商讨了成立学会和出版期刊的具体事宜。考尔斯同意每年出资 12 000 美元，以后在适时追加资助额。作为计量经济学学会主席和秘书的费雪和鲁斯，给其他成员写了一封信，概述了考尔斯的意愿并建议他们接受。起初成员们对于考尔斯这样一个商人成立学会的动机有所疑虑。学会的欧洲成员推

---

① 本章有关考尔斯委员会的历史的材料，除特别注明外，均引自 Christ (1952)。

选弗里希与考尔斯会面，他发现考尔斯是真诚地关心计量经济学的研究。于是，计量经济学学会接受了考尔斯的资助并同意支持考尔斯组建他的研究机构。1932年9月9日，考尔斯委员会（Cowles Commission for Research in Economics）在美国科罗拉多州正式成立。在1933年，由考尔斯资助的《计量经济学》（*Econometrica*）杂志正式出版，由弗里希担任主编。在杂志的封面上注明了这是计量经济学学会的会刊，并有这样一句话："［计量经济学学会］是一个推动经济学理论与统计学和数学相联系的国际性学会。"我之所以详述这个过程，是要表明考尔斯委员会的成立并非一个商人心血来潮之举，而是以解决现实经济问题为初衷。这一点与计量经济学的兴起以及考尔斯委员会的成立为什么都发生在20世纪30年代这个问题有着直接的联系。

20世纪前40年是美国经济学的多元时代。坚持古典传统的经济学家、支持边际革命以及正在形成的新古典范式的经济学家，以及反对古典和新古典传统的经济学家——以制度主义者为代表——在经济学界各自占有一席之地。尽管他们的信念和观点并不一致，甚至还有尖锐的对立，但他们都将主要精力放在解决现实经济问题上。这一时期的美国经济，在高速增长的同时也产生了诸多新问题：垄断取代了自由竞争成为经济的典型特征，贫富分化日趋严重，经济波动幅度不断加大，劳资冲突越发频繁。这样的经济环境下，无论是古典经济学还是正在形成的新古典经济学，在它们的理论体系中都无法产生解决问题的方案，因为它们的方案——充分的市场竞争——已不再与经济现实相吻合，而且正统经济学中根本没有可供运用的工具来分析贫富分化、劳资冲突之类的问题。这样，制度主义这一非正统的学说在经济学的竞争中逐渐占得上风。从1918年一直持续到40年代初的"制度主义运动"大大侵蚀了社会各界、包括经济学界对正统经济学的信心。在整个20年代到30年代初"制度主义运动"的高潮时期，美国的经济学以及政府的经济政策都留下了明显的制度主义痕迹。制度主义者的经济问题解决方案是诉诸政府。他们在"社会控制"的名义下力主政府干预经济。制度主义者不仅在理论上明确阐述了政府控制的必要性，而且身体力行，普遍参与到政府活动中。此外，法学、伦理学、心理学、社会学等相近学科的大批学者从不同的角度支持了制度主义者的信念。学界的思想通过学者自己和媒体扩散到了社会各阶层，在社会上培育了一种干预和控制意识，也为罗斯福"新政"的推行打下了良好的社会基础，制度主义者也自然成为"新政"（至少是第一阶段）的中坚力量。在当时，制度主义经济学是唯一能运用统计学和数学工具对经济现象进行度量、检验和预测的系统性学说。这也是制度主义能够压倒正统经济学、赢得更多追随者的重要原因。

面对制度主义的挑战，正统经济学要重新夺回支配地位，必须要解决度量、检验和预测问题。美国的正统经济学家在这方面不占优势，或者说数理分析并非他们的传统。[1] 计量经济学学会首批成员的构成可以证明这一点：在学会的首批29名成员中，只有8名来自美国，其中还包含了当时已移民到美国的熊彼特（见本章附录）。但与制度主义者相比，正统经济学家有一个优势，那就是他们与当时仍是经济学研究中心的欧洲有着更密切的联系，而制度主义者则相对孤立，更多地是美国自己的一个经济学流派。于是，在受到杰

---

[1] 尽管哥伦比亚大学的亨利·莫尔（Henry L. Moore）被视为现代数理统计学和数理经济学的先驱（Dorfman, 1959; Rutherford, 2001），但他是正统经济学的反对者。

文斯、瓦尔拉斯、帕累托等倡导的数理分析传统影响的英国、法国、意大利等欧洲国家的正统经济学家的帮助下，计量经济学学会得以在当时政治环境更为平和、学术自由得到更大保障的美国成立。从这个角度来看，计量经济学的产生是知识积累和分析技术发展的产物，而计量经济学学会在20世纪30年代的成立则更多地是正统经济学的自救。[1]

考尔斯发起成立考尔斯委员会的初衷是想要进行股票市场价格预测。他之所以求助于费雪和计量经济学学会，而不是求助于当时影响很大的米切尔和他的NBER，尽管有机缘巧合，但更多地反映出制度主义者的数理方法在某些领域的局限。制度主义者的数理方法更多地运用于经济周期、国民收入、一般物价水平、失业等宏观领域，制度主义者并不关心股票价格、公司金融这样的微观问题。我们可以认为，考尔斯委员会选择了计量经济学学会而不是NBER，是制度主义的数理方法本身的缺陷的结果。

由于制度主义者疏于理论构建，使他们的度量工作不具备坚实的基础。计量经济学兴起的同时，正统经济学的理论体系也日臻完善（这主要是欧洲经济学家的功劳），制度主义在竞争中逐渐处于下风。加之凯恩斯主义的冲击，制度主义在20世纪40年代迅速衰落下去。在由计量经济学推动的"形式主义革命"的帮助下，正统经济学（在美国）重新树立了自己的支配地位。第二次世界大战后，整个经济学进入"新古典霸权"时代。在美国，随着制度主义的衰落，

---

[1] 莫尔和米切尔尽管也是计量经济学学会的首批成员，但他们的当选主要是因为在数理统计和数理经济领域的地位，而非他们的理论立场（当然，当时美国各阵营的经济学家之间大多并不存在尖锐的对立）。进入40年代后，米切尔和NBER的方法遭到越来越多的批评，米切尔与计量经济学学会之间的关系日渐疏远。1944年，米切尔退出了考尔斯委员会的顾问委员会。

以及受到欧洲纳粹主义迫害的大批经济学家的到来（比如库普曼斯、哈伯勒等），加之美国的正统经济学家学术地位的提高，经济学研究的中心开始从英国向美国转移。在这样的背景下，考尔斯委员会的地位日显重要，计量经济学也进入快速发展时期。

考尔斯委员会的历史

考尔斯委员会的早期发展经历了三个阶段：科罗拉多州的斯普林斯（Springs）时期（1932—1939）、芝加哥大学时期（1939—1954）、耶鲁大学时期（1955至今，改称为考尔斯基金）。本章着重介绍考尔斯委员会前两个时期的历史。

科罗拉多时期

1932年9月9日，考尔斯委员会于科罗拉多州的斯普林斯正式成立，考尔斯任委员会主席。最初，委员会的研究人员包括负责统计方面的工作的哈罗德·戴维斯（Harold T. Davis）、担任非常驻顾问的弗里希、经济学家威廉·尼尔森（William F. C. Nelson）和统计学家弗里斯特·丹森（Forrest Danson）。后两人是考尔斯过去的公司的成员。从1934年9月起，鲁斯出任委员会设立的第一任研究主任（鲁斯1937年离任后，由戴维斯代理）。

在科罗拉多期间，考尔斯委员会取得了一些研究成果，其中有代表性的是三部著作。1934年，鲁斯将他来到考尔斯委员会之前写作的一些论文编辑成册，以《动态经济学》为题出版。1935年，戴维斯和尼尔森合作编写的统计学教材《统计学基本原理》出版。1937年，鲁斯等出版了评价全国复兴总署（NRA）经济政策的著作

《NRA 的经济计划》。考尔斯委员会从成立之初就开始研究的股票市场指数工作，在 1938 年取得了成果，出版了《普通股指数》一书。此外，由迪克森·利文斯（Dickson H. Leavens）所著的《白银货币》一书于 1939 年出版。

考尔斯委员会与计量经济学学会的联系因《计量经济学》杂志的创刊而更加密切。1933 年 1 月，《计量经济学》杂志正式出版。弗里希出任主编，尼尔森任副主编，考尔斯任业务经理（同时也是计量经济学学会的财务总管）。此后，两个组织的事务机构合并。

从 1937 年鲁斯离开之后，考尔斯委员会就着手寻找一位能胜任的研究主任，但由于斯普林斯的地理位置过于偏僻，与美国东部学术中心相距过远，致使委员会难以吸引优秀人选。考尔斯委员会急需搬迁到一个经济学和统计学的研究中心，以招揽更多的人员。此时，亨利·舒尔茨（Henry Schultz）在芝加哥大学开始了对数理经济学和计量经济学传统的探索。但这项工作由于 1938 年舒尔茨因车祸身亡而中断。芝加哥大学需要一些计量经济学家来继续此项研究。于是在 1939 年 9 月，考尔斯委员会正式迁入芝加哥大学，计量经济学学会的机构也随之迁入。考尔斯委员会以及计量经济学本身迎来了巨大的发展机遇。

芝加哥大学时期

来到芝加哥大学后，该校商学院教授西奥多·英特马（Theodore O. Yntema）出任考尔斯委员会研究主任，瓦伊纳进入委员会的理事会。芝加哥大学的一些教师成为考尔斯委员会的兼职研究人员，其中包括雅各布·莫萨克（Jacob Mosak）和奥斯卡·兰格（Oscar Lange）。

考尔斯委员会在芝加哥大学的 15 年间（1939—1954 年），汇聚了众多杰出的经济理论家和计量经济学家,其中很多人后来成为诺贝尔经济学奖得主。1941年,统计学家约翰·史密斯(John H. Smith)加入委员会。1942年,赫尔维茨(Leonid Hurwicz,2007年诺贝尔经济学奖得主)成为兰格的助理。此外,里昂惕夫、萨缪尔森等人也参加了考尔斯委员会的活动。1943年以后,几位从欧洲移民到美国的著名计量经济学家先后加入考尔斯委员会。1943年,牛津大学的雅各布·马沙克(Jacob Marschak)出任委员会研究主任。同年,挪威经济学家哈维莫(Trygve Haavelmo,1989年诺贝尔经济学奖得主)成为委员会研究人员。1944年,库普曼斯(1975年诺贝尔经济学奖得主)加入,后来接替马沙克担任研究主任。逐渐成长起来的一些美国本土的杰出经济学家也纷纷加入考尔斯委员会。1944年,劳伦斯·克莱因(Lawrence R. Klein,1980年诺贝尔经济学奖得主)加入;1946年,小西奥多·安德森(Theodore W. Anderson, Jr.)加入;1947年,肯尼斯·阿罗(Kenneth J. Arrow,1972年诺贝尔经济学奖得主)加入;同年,赫伯特·西蒙(Herbert Simon,1978年诺贝尔经济学奖得主)也成为委员会研究人员。在1948年马沙克离任后,考尔斯委员会对优秀的数理经济学家的吸引力并未减弱。1948年,弗朗克·莫迪利安尼(Franco Modigliani,1985年诺贝尔经济学奖得主)加入;1949年,斯蒂芬·艾伦(Stephen G. Allen)加入;1950年,杰拉德·德布鲁(Gerard Debreu,1983年诺贝尔经济学奖得主)加入。除了这些在经济学和计量经济学发展史上做出过突出贡献的经济学家之外,考尔斯委员会还汇聚了大批优秀研究者。

考尔斯委员会在这一时期能够网罗如此众多的优秀人才,与它获得的资助越来越多这一事实密不可分。1942年,芝加哥大学的社会科学研究委员会出资聘请考尔斯委员会的部分成员担任芝加哥大学的研究人员；同年，洛克菲勒基金开始资助考尔斯委员会的研究；美国国家统计署也向考尔斯委员会提供了资金。后来，美国人寿保险协会、兰德公司、美国政府和军方都不同程度地资助了考尔斯委员会的研究。这也从一个侧面反映了计量经济学研究受到越来越多的欢迎和认可。

马沙克出任考尔斯委员会研究主任后，对委员会的研究内容进行了重大调整。他在1943年考尔斯委员会的研究报告中，通过阐述需求、生产、投资与储蓄这类经济活动的研究中涉及的经济数据与经济学理论之间的关系，明确了考尔斯委员会的研究方向。这些研究的特征是："（1）这种理论是一组联立方程，而不是单个方程；（2）某些方程或者所有方程都包括了'随机'项，反映出除了为数不多的'系统性'因素之外，还受到大量不稳定因素的影响；（3）许多数据是以时间序列的形式给定的，后来发生的事件取决于之前的事件；（4）许多公开的数据是总和性的而非个体性的。"[①] 马沙克认为过去的统计工具并不能解决与这些特征相联系的问题，因此需要引入新的数学工具。这也正是考尔斯委员的研究重点。围绕着这些问题而形成的考尔斯委员会的研究特色，就是在计量经济学发展史上占有举足轻重地位的"考尔斯方法"（Cowles Approach）。

1955年，考尔斯委员会迁往耶鲁大学，并改名为"考尔斯基金"。这一阶段的历史已不属于本书的考察范围。

---

① 引自考尔斯委员会网页：http://cowles.econ.yale.edu/P/reports/1943.htm#B。

考尔斯委员会对计量经济学的贡献

考尔斯委员会对计量经济学的贡献具体体现在围绕着"考尔斯方法"解决的一系列问题，以及委员会的经济学家们据此产生的一系列研究成果。

考尔斯方法①

自马沙克开始，考尔斯委员会倡导的计量经济学或者考尔斯方法有两个基本元素：一个明显的概率框架，以及联立方程模型观念。考尔斯委员会的研究纲领，是要将经济理论、统计方法，以及观察到的数据联系起来，以建立和估计一个联立方程组，使其能够描述经济的运行。"这个目标是要从这样的方程组中去认识经济政策如何能够改善经济绩效"（Christ, 1994, 第31页）。

这个研究纲领需要能够解决识别问题（identification problem）的理论方法。也就是说，这种理论方法要能够确定，在什么样的条件下，与数据相适应的是某一个方程，而不是其他方程，或者这个方程与其他方程没有混合在一起。同时，这种研究还需要发展与从联立方程中识别出来的方程相适应的估计方法和假设检验方法。在这样的模型中，典型方程不止一个因变量，从而使用通常的最小二乘法回归就会有偏差。考尔斯委员会的研究在这两个问题上都产生了重大影响。其中最突出的贡献来自哈维莫（Haavelmo, 1943, 1944），其他研究成果多收录于库普曼斯主编的两本文集（Koopmans,

---

① 本章对"考尔斯方法"的介绍主要参考了 Christ (1994) 的归纳。

1950; Hood and Koopmans, 1953）。

具体说来，考尔斯委员会的纲领将经济行为视为各种因素同时相互作用的结果，因此他们的计量经济学方法就是围绕着联立方程组展开的。能够理解某种经济行为的方程中，应该包含相关的已知变量，方程的形式也应是已知的（比如线性的、对数线性的，或者二次方程），而且应有可以估计的系数。考尔斯委员会的纲领，目的就是提供一种方法来对那些与特定问题相关的变量进行选择，得到一个恰当的方程组，估计其参数的值。考尔斯方法不太关注如何去选择变量以及方程的形式。它认为经济理论将在研究中提供这些信息。因此主要的工作就被导向了去估计已经列出的方程。

经验表明，除非得到精确的识别，否则任何方程都不能准确地描述可观察到的经济行为。这可能是由于方程的数学形式不正确，由于数据度量的错误，由于存在的变量难以观察或者不可能观察，或者是这些因素同时存在。因此，方程就假定包含着两种变量：系统性的可观察变量（systematic observable variables），也就是经济理论所分析的价格、产量、政府支出等元素，以及非系统性的不可观察变量（nonsystematic unobservable variables），它们表现为对方程的随机干扰。每一个方程中的随机干扰被视为实际观察到的变量值与理论值之间的差异。可观察的变量又分为两种类型：内生变量与外生变量，前者通过方程组来解释，后者被假定为来自方程组之外，并假定为既定的。外生变量可以是随机的，也可以是非随机的。考尔斯方法并未关注如何决定一个变量是内生变量还是外生变量这个关键问题。内生变量又可以进一步划分为两类：现值和滞后值，滞后的内生变量被视为预先决定的，不受当前方程组的影响。外生变量也是预先决定的。而当前的内生变量则在任何时候都被视为是联合依赖（jointly dependent）的。

因此，归结起来说，考尔斯方法就是在给定参数值，给定预先决定的变量，以及给定干扰项情况下的一个联立方程组，用它来描述联合依赖的变量如何被同时决定。由于干扰项是不可观察的，并且被假定为随机的，通常就用它们的概率分布的预期值来替代。

考尔斯方法对于解决经济计量方法问题作出了突出的贡献，考尔斯方法中对概率模型的推崇，是对计量经济学方法的最大贡献。尽管概率模型在今天遭到了批判，但在历史上对计量经济学的发展起到了重要的推动作用。由于使用回归分析和相关分析往往产生衡量误差，弗里希率先主张采用"统计合流分析"来替代回归分析的缺陷，但他主张的方法很快就被其他更好的方法所取代。库普曼斯和哈维莫在这方面起到了关键作用。库普曼斯建议用似然性结构将弗里希的变量中的误差法与费雪方程中的误差法加以综合。库普曼斯的方法表明，即使在由于数据的特征必须偏离古典回归结构的环境下，也有可能用概率来表述经济关系的特征（佩沙兰，1987）。但是，库普曼斯没有将随机模型的使用更广泛地扩展到计量经济学中去，是哈维莫充分地拓展了这种思想，并强有力地论证了估计和检验经济关系的概率方法。

哈维莫的论文"计量经济学中的概率方法"是作为1944年《计量经济学》杂志的一个增刊发表的（Haavelmo, 1944）。文中，他从两方面捍卫了概率方法：第一，只有数据产生的过程能够用一个概率模型来构造的情况下，才能正当地使用平均数、标准差、相关系数等统计计量来进行推论；第二，概率方法并非万能，它只是特别适合于分析经济学研究中常常碰到的"因变的"和"非齐次的"观察值。哈维莫的贡献标志着计量经济学的一个新时代的来临，为计量经济学在欧洲和美国的迅速发展铺平了道路。后来，在计算机技术的帮助下，加之凯恩斯主义得到普遍的接受，而且能够用于国民收入核算的时间序列数据不断增加，计量经济学势不可挡地成为了经济学中最为活跃的一个分支。

考尔斯方法的成果

考尔斯委员会成员的大量研究成果纷纷发表在《计量经济学》等刊物上，此外，考尔斯委员会从 1934 年开始，总共出版了 27 部专题著作。[①] 下面对 1934—1953 年间出版的 14 部专题著作作一简介。

考尔斯委员会的前两部专题著作是鲁斯撰写的《动态经济学》（1934 年）和《NRA 的经济计划》（1937 年），第三部专著是考尔斯和其他人合作完成的《普通股指数：1871—1937》（1938 年），后来在 1939 年修订再版，1940 年又补充了 1939—1940 年的指数。第四部专题著作是利文斯的《白银货币》（1939 年），追溯了白银作为货币使用的历史。第五部专题著作是杰拉德·廷特勒（Gerhard Tintner）的《变量差分法》（The Variate Difference Method, 1940 年），分析了时间序列的连续差异性。1941 年，戴维斯的重要著作《经济时间序列分析》（The Analysis of Economic Time Series）出版，这本书是用多种方法处理时间序列的一项统计研究。第七部专题著作是莫萨克的《国际贸易中的一般均衡理论》（General-Equilibrium Theory in International Trade, 1944 年），它把希克斯、艾伦等人的现代一般均衡理论和比较统计分析扩展到了国际贸易领域。同年，

[①] 这些著作都可以在考尔斯委员会（现为考尔斯基金）的官方网站上获得：http://cowles.econ.yale.edu/P/cm/cfmmain.htm。

第八部专题著作出版，那就是兰格的《价格弹性和就业》(*Price Flexibility and Employment*)，这本书第一次用现代一般均衡理论分别分析了货币和其他商品，然后分析了价格弹性的作用，以及在就业水平的决定中货币商品与其他商品之间的替代关系。1945年出版的第九部专题著作、乔治·卡托纳(George Katona)的《价格控制和商业》(*Price Control and Business*)，是作者对始于1942年的价格控制研究的总结。1950年，第十部专题著作出版，即库普曼斯主编的《动态经济学模型中的统计推论》(*Statistical Inference in Dynamic Economic Models*)。这本书收录了库普曼斯、哈维莫、赫尔维茨、鲁宾、安德森等人专题讨论联立方程、识别问题、时间序列、假设分类等考尔斯方法中的核心问题的文章。第十一部专题著作是克莱因的名著《美国的经济波动》(*Economic Fluctuations in the United States*)，1950年出版。这本书为美国经济提出了三种经济模式，其中含有三个到十五个方程，用最小二乘法和最大似然法估计这些方程的参数。1951年出版的第十二部专题著作同样声名显赫，那就是阿罗的《社会选择和个人价值》(*Social Choice and Individual Values*)。第十三部专著也由库普曼斯主编，名为《生产和分配的行为分析》(*Activity Analysis of Production and Allocation*)，1951年出版。这是一部讨论线性规划问题的专题著作，收录了库普曼斯、乔治·丹齐格(George B. Dantzig)、阿罗、摩根斯坦、萨缪尔森、西蒙等人的论文，还收录了对线性规划方法有所贡献、但后来成为正统经济学反对派的尼古拉斯·乔治斯库－罗金(Nicholas Georgescu-Roegen)的多篇论文。考尔斯委员会在芝加哥时期的最后一部专题著作是1953年出版的威廉·胡德(William C. Hood)和库普曼斯主编的《计量经济学方法研究》(*Studies in Econometric Method*)，书中，库普曼斯、马沙克、哈维莫、西蒙、艾伦等人从不同角度，比较系统地介绍了考尔斯方法。这些著作中的大多数都成为计量经济学领域的经典。1955年迁往耶鲁大学之后，考尔斯委员会（基金）继续出版专题著作，一直持续到1987年，其中也不乏名著，比如德布鲁的《价值理论》、马科维茨的《资产选择》、马沙克的《团队经济理论》等。

在本章论及的这一阶段，考尔斯委员会的经济学家们运用他们倡导的方法，在一般均衡理论、生产理论、效用理论、增长理论、资产组合理论、宏观经济计量模型等方面都取得了令人瞩目的成就。可以说，考尔斯委员会的工作一直伴随着整个正统经济学的发展，在正统经济学理论体系的方方面面都可以找到它留下的遗产。

考尔斯委员会的影响

如果把考尔斯委员会以及计量经济学的兴起和发展作为经济思想史上的一个事件来研究的话，这个事件的发生绝不是孤立的。

考尔斯委员会和计量经济学的兴起既是知识积累的自然结果，是为了更好地满足现实需求，同时也是正统经济学在美国的自救行动。由于在现实经济的困难面前多少显得有些束手无策，面对制度主义的挑战，美国的正统经济学家必须解决了度量、检验和预测问题，才能以自己更系统的理论为基础，重新赢得信任，夺回经济学的主导权。考尔斯这位资助人的出现，既是制度主义本身的缺陷造成的必然，也有偶然的成份——考尔斯与费雪两人的父辈曾有交情。尽管历史不能假设，但我们仍然不妨设想：如果没有考尔斯，当时由于缺乏经费而难以组织大型学术活动的计量经济学学会的影响，必然只会局限在很小的范围内，更不可能奢望能有《计量经济学》杂志这样的理论阵地。如果计量经济学获得的发展机遇被推迟的话，经济学的历史确实无法假设了。只能说，正统经济学在美国的发展非常地幸运。

考尔斯委员会的经济学家解决计量经济学中诸方面问题的过程，构成了正统经济学"形式主义革命"的部分内容。如前述，计量经济学的发展与经济学理论的发展相辅相成。计量经济学既是正统经济学的一个重要分支，也是正统经济学的一件漂亮外衣。考尔斯委员会的经济学家从事的工作，既使正统经济学得以强身健体，也是对这件外衣的精心织补。只有将他们的工作放到"形式主义革命"的背景下，才能更清晰地认识他们的贡献。在"形式主义革命"的推动下，正统经济学的霸权地位、或"新古典霸权"最终得以确立。正统经济学在美国的自救行动取得了最为彻底的成功。

树立霸权地位的过程必然包含对异己的排斥。具体到考尔斯委员会的历史上，那就是寻求方法上的霸权。考尔斯委员会从事的度量、检验等工作，同样也是制度主义的重要阵地、米切尔领导的NBER的工作。为了表明自己的方法的优势，库普曼斯毫不客气地宣称NBER的方法是"没有理论的度量"（Koopmans, 1947）。"理论和度量"也赫然铭刻在考尔斯委员会的徽记上。正因为有强大的新古典理论体系的支撑，库普曼斯和考尔斯委员会显得非常有底气；而疏于理论构建工作的制度主义者自然难以应对这样的诘难。

将考尔斯委员会的历史放到这一阶段整个美国经济学的发展史中来考察，将其兴起和发展作为一个思想史事件，对于理解制度主义的衰落、"形式主义革命"的部分目的，以及新古典霸权的确立，都大有裨益。

附录：计量经济学学会首批会员

阿莫鲁索（Luigi Amoroso）：意大利

安德森（Oskar N. Anderson）：保加利亚

奥佩蒂（Albert Aupetit）：法国

波宁赛尼（Boninsegni）：瑞士

鲍利（A. L. Bowley）：英国

科尔森（Clément Colson）：法国

德尔维奇奥（Gustavo Del Vecchio）：意大利

戴维西亚（François Divisia）：法国

埃文斯（Griffith C. Evans）：美国

费雪（Irving Fisher）：美国

弗里希（Ragnar Frisch）：挪威

基尼（Corrado Gini）：意大利

哈伯勒（Gottfried Haberler）：奥地利

霍泰林（Harold Hotelling）：美国

凯恩斯（John M. Keynes）：英国

康德拉季耶夫（N. D. Kondratieff）：俄罗斯

米切尔（Wesley C. Mitchell）：美国

莫尔（H. L. Moore）：美国

里奇（Umberto Ricci）：埃及

鲁斯（Charles F. Roos）：美国

鲁夫（M. Jacques Rueff）：英国

施奈德（Erich Schneider）：德国

舒尔茨（Henry Schultz）：美国

熊彼特（Joseph A. Schumpeter）：美国

丁伯根（J. Tinbergen）：荷兰

文奇（Felice Vinci）：意大利

威尔逊（Edwin B. Wilson）：美国

扎瓦斯基（Wl. Zawadzki）：波兰

佐泰（F. Zeuthen）：丹麦

共 29 人，美国 8 人（含当时已移居美国的熊彼特）。

资料来源："List of Fellows of the Econometrics Society," *Econometrica*, Vol.1, No.1, 1933, p.445.

第 11 章

20 世纪 40—50 年代美国经济学的转变：制度主义的衰落和新古典霸权的确立

从 20 世纪 30 年代末开始，随着制度主义运动的结束以及制度主义的逐渐衰落，美国的经济学发生了比较明显的转变。无论是学科内部，还是外部因素，都越发向有利于新古典经济学的方向发展。这种转变的结果就是新古典经济学在美国经济学界不仅取得了支配性地位，而且树立了霸权地位。美国取代欧洲成为世界经济学研究中心的地位也逐渐确立。本章将梳理这个转变过程的历史，从经济学学科内部和外部两方面探讨转变过程中发生的事件。

凯恩斯主义来到美国

1936 年，凯恩斯的《通论》在英国和美国同时出版，但这并不意味着美国经济学家很快就接受了凯恩斯经济学。加尔布雷斯详细地回顾了凯恩斯主义经济学进入美国的过程（Galbraith, 1971）。《通论》出版之后，哈佛大学成为凯恩斯主义在美国的登陆地。加尔布雷斯自己由于 1937 年到英国剑桥大学进行访问研究，回到哈佛大学后成为凯恩斯经济学的主要阐释者。随着 1938 年汉森来到哈佛，在他的大力宣传下，凯恩斯主义逐渐被美国经济学家所接受。除了汉森之外，西摩·哈里斯（Seymour Harris）发表了大量文章宣传凯恩斯经济学；与汉森同在哈佛传播凯恩斯经济学的萨缪尔森通过他的教科书使凯恩斯主义得到普及；芝加哥大学的劳埃德·梅茨勒（Lloyd Metzler）将凯恩斯的经济学体系运用到国际贸易领域；耶鲁大学的劳埃德·雷诺兹（Lloyd G. Reynolds）在那里聚集了一批年轻经济学家讨论凯恩斯经济学。这些人都为凯恩斯主义进入美国经济学界起到了重要作用。通过哈佛大学，凯恩斯经济学开始进入华盛顿影响美国政府的政策。来自哈佛的一些年轻经济学家纷纷进入政府部门，是他们将凯恩斯经济学带到了华盛顿。这些人包括理查德·吉尔伯特（Richard Gilbert）、理查德·马斯格雷夫（Richard Musgrave）、艾伦·斯威奇（Alan Sweezy）、乔治·贾西（George Jaszi）、G. 格里菲斯·约翰逊（G. Griffith Johnson）、沃尔特·萨兰特（Walter Salant）等（Galbraith, 1971）。

当凯恩斯主义在美国经济学界流行开来后，很多制度主义者马上接受了凯恩斯的观点，比如在"新政"诸多政策的制定中起到重要作用的伊奇基尔、鲁宾、斯利克特和凯泽林。除了这些人之外，凯恩斯主义很快吸引了很多年轻的制度主义者。由于制度主义在 20 世纪 20 年代后讨论的主题与凯恩斯主义的主题非常吻合，比如失业、物价、国民收入等，加上汉森根据凯恩斯主义的思想设计的一系列社会改革方案，扩展了制度主义者的社会改革体系，年轻的制度主义者马上受到它的吸引而转向（Rutherford and DesRoches, 2006）。

制度主义阵营遭到严重的瓦解。尽管老一辈制度主义者对凯恩斯主义持批评态度，但他们的批评更多地针对的是凯恩斯经济学的方法。比如克拉克认为"凯恩斯提供了一种修正的李嘉图主义，二者有着类似的力量，暴露出类似的危险，其中也包括凯恩斯的一些门徒不恰当的教条主义"（Clark, 1942, 第9页）。

20世纪20年代到30年代前半期，与凯恩斯有着同样研究主题的制度主义者对美国政府的政策产生过重要的影响，或者说当时美国的诸多经济和社会政策都带有明显的制度主义烙印。但凯恩斯主义在美国普及开来之后，制度主义者的政策影响日渐弱化，但这种转变是逐渐发生的，或者说制度主义的影响并未马上消失。比如制度主义者阿瑟·伯恩斯（Arthur F. Burns）二战后出任艾森豪威尔总统的经济顾问。但是，制度主义整体上已经难以抵挡凯恩斯主义的冲击。正统学说在美国经济学界重新夺回了主导权。

计量经济学的兴起与正统经济学的"形式主义革命"

1930年，计量经济学学会在美国成立，费雪当选学会的第一任主席；由挪威奥斯陆大学的弗里希、美国的米尔斯和鲁斯组成的委员会起草了学会的章程，宣告了计量经济学作为一个经济学分支学科的诞生。1932年，在考尔斯的资助下，考尔斯委员会成立。在考尔斯委员会的资助下，计量经济学学会的会刊《计量经济学》杂志于1933年正式创刊（Christ, 1952）。

计量经济学的兴起是美国经济学的转变中影响最为深远的一个事件。随着考尔斯委员会1939年迁入芝加哥大学，这里很快成为计量经济学研究的中心，汇聚了一批最杰出的经济学家：马沙克、赫尔维茨、哈维莫、库普曼斯以及40年代末、50年代初加入考尔斯委员会的阿罗、德布鲁、莫迪利安尼、克莱因、西蒙等。在这些人的努力下，他们倡导的以联立方程组和概率方法为基础的"考尔斯方法"成为当时计量经济学的主要工具，直接推动了计量经济学的蓬勃发展。

除了对计量经济学本身的贡献之外，这一批经济学家的工作还在一定程度上挽救了正统经济学，并给予制度主义沉重的打击。在制度主义处于强势的时候，制度主义者倡导的经济学必须进行度量和检验的观点吸引了大批追随者，并大大侵蚀了人们对当时尚不具备这种能力的正统经济学的信心。在这种背景下兴起的计量经济学承担着挽救正统经济学的任务。由于这个阶段的制度主义者疏于理论构建，当计量经济学与凯恩斯主义结合起来之后，在凯恩斯主义的系统理论的支撑下，正统经济学在度量和检验方面完全胜过了制度主义。

计量经济学的兴起掀起了正统经济学的"形式主义革命"。计量经济学的发展与经济学理论的发展相辅相成，并在"形式主义革命"中为正统经济学穿上了一件漂亮的外衣。整个正统经济学从此在美国重新夺回了支配地位。制度主义在正统经济学的冲击下几乎绝迹，直到20世纪60年代才再度兴起，但此时已根本无法撼动正统经济学的统治地位了。

美国大学中经济学教育的转变

在20世纪40年代前，美国的经济学教育主要集中在芝加哥大学、哈佛大学、哥伦比亚大学、威斯康星大学等几所高校，它们也是培养经济学博士人数排名前4位的学校。在这些大学中，制度主义者在芝加哥大学（30年代前）、哥伦比亚大学和威斯康星大学处于支配地位。凡勃伦于 1892—1904 年间任教于芝加哥大学。这里在 30 年代前汇聚了克拉克、汉密尔顿、科普兰、艾尔斯等制度主义者。从米切尔 1913 年来到哥伦比亚大学后，这里就成为制度主义者的一个大本营。后来，克拉克、特格维尔、斯利克特、伯恩斯、库兹涅茨等先后来到这里，使哥伦比亚大学成为制度主义运动的最重要的中心。威斯康星大学则在 1904 年康芒斯到来之后，在他的带领下，形成了所谓威斯康星传统的制度主义。这些大学培养的经济学人才多带有制度主义倾向，当然也培养了大批制度主义的中坚力量。正统经济学的主要阵地是陶西格领导的哈佛大学经济系，其实力在制度主义者强大的阵容面前稍显单薄。

进入 20 世纪 40 年代后，这些大学的人员构成和教学取向纷纷发生转变。制度主义者的地位日渐衰落。芝加哥大学的转变发生得更早。早在两次世界大战之间这段时期，也就是所谓"芝加哥学派的第一阶段"，奈特就开始了对制度主义的批评。但这一时期两个学术传统的对抗并不激烈。芝加哥大学的彻底转变始于 1926 年克拉克离开这里到哥伦比亚大学，尤其是舒尔茨于 20 年代末来到芝加哥大学之后。30 年代末、40 年代初，随着考尔斯委员会迁入芝加哥大学，这里变成了正统经济学的主要阵地，一大批带有明显自由主义倾向的正统经济学家来到芝加哥大学：西奥多·舒尔茨（1943 年）、弗里德曼（1946 年）、哈耶克（1950 年）、斯蒂格勒（1958 年）。芝加哥大学成为了自由主义经济学的大本营（Rutherford, 2003b）。

在哥伦比亚大学，早年便来到这里的霍泰林以及后来加入的哈特、斯蒂格勒（1958 年到芝加哥大学）、维克里等人，逐渐取代了米切尔、克拉克等制度主义者的位置。哥伦比亚大学的经济学教育也逐渐转向了正统学说。1944 年，米切尔退休；克拉克 1953 年退休。50年代以后的哥伦比亚大学已经再也没有制度主义者的位置（Rutherford, 2001）。

在威斯康星大学，制度主义的衰落更早一些。由于康芒斯和他的学生将主要精力放在政策设计上，康芒斯的学生中留在威斯康星大学任教的人很少；加之大萧条后威斯康星大学出现严重的财政困难，难以聘请高水平的经济学家；而康芒斯等人关注的劳动立法等问题逐渐被归为公共政策和行政领域，被纳入新成立的公共管理和产业关系学院的研究，威斯康星大学的整个经济学都走向了衰落（Rutherford, 2005）。

第二次世界大战与美国经济学的转变

第二次世界大战为刚刚兴起不久的计量经济学和其他数理经济学工具提供了用武之地。数学优化模型、线性规划技术，以及统计测量工具大量地用于与战争相关的工作，比如计划最佳的空袭方案、对轰炸方式进行统计分析（Morgan and Rutherford, 1998）。

在这些工具中，线性规划技术得到了充分的发展，成为此后经济学的一个重要数学工具。线性规划的基本思想其实来自新古典经济学：如果面对多个目标，在资源有限、技术既定的情况下，那么当每个目标的边际收益相等或者边际成本最小时，就能够获得最优的结果。这是战时生产的一个基本问题：在军需品和民用品生产的选择中如何实现最优；在飞机、坦克、弹药等军需品的生产中，如何实现每一种产品产量的最优。库普曼斯、康特罗维奇等人发展的线性规划技术在战争中得到了验证，丰富了经济学的工具箱，同时也强化了正统经济学的地位。

战争为正统经济学带来的另一个有利影响是，凯恩斯主义倡导的通过政府支出实现充分就业和经济增长的思想，在战争中得到了验证；同时赤字财政的主张也得到了强化。比如1940年，美国的钢产量为6 700万吨，达到生产能力的82%。到1944年，钢产量达到8 700万吨，增长了30%，几乎达到经过大规模新增投资之后的生产能力的100%（富斯菲尔德，2003，第230页）。也就是说，战争结束后，美国经济拥有了大幅度扩张的生产能力，而这正是战时政府开支的结果。另一方面，大萧条之前美国社会存在着对赤字财政的普遍反对，但在战争期间，这种反对几乎完全消失了。而且，战后肯尼迪，约翰逊，以及后来的里根政府奉行的所谓"军事凯恩斯主义"政策直接得益于第二次世界大战中的经验。

经过第二次世界大战后，得到验证的新工具迅速进入经济学，凯恩斯主义的地位得到进一步的巩固，正统经济学的竞争者的力量进一步削弱。

欧洲的移民经济学家的影响

20世纪30年代的欧洲，由于希特勒上台之后愈发恶劣的政治环境，一批受种族主义政策威胁的犹太人经济学家移民来到美国。第二次世界大战爆发后，美国由于远离战场，自然也成为众多欧洲经济学家躲避战火的理想国度。在美国国内，洛克菲勒基金会对来自欧洲的学者提供了专门的资助，帮助他们进入各高校。这样，大批杰出的欧洲经济学家来到美国（其中也包括逃避苏联专制统治的经济学家）。这对美国经济学的转变也产生了一定的影响。

20世纪30年代后来自欧洲的经济学家中比较著名的有以下一

些人：专长于计量经济学和数理经济学的马沙克、赫尔维茨、哈维莫、库普曼斯、兰格、西托夫斯基（Tibor Scitovsky）、里昂惕夫、卡莱茨基、马克卢普（Fritz Machlup）、冯·诺依曼和摩根斯坦；后来对正统经济学理论（主要是凯恩斯主义经济学）作出过突出贡献的莫迪利安尼、哈伯勒（Gottfried Haberler）、多马（Evsey Domar）、马斯格雷夫；奥地利学派的杰出代表熊彼特、米塞斯、哈耶克；具有非正统倾向的阿尔伯特·赫希曼（Albert Hirschman）、保罗·罗森斯坦－罗丹（Paul Rosenstein-Rodan）、卡尔·波兰尼（Karl Polanyi）（详见 Scherer, 2000）。

这些经济学家的到来不仅推动了经济学研究中心从欧洲向美国的转移，而且大大地强化了正统经济学在美国的地位。一方面，来自欧洲的经济学家中，那些杰出的数理经济学家成为计量经济学这一分支的中坚力量，对计量经济学和数理经济学的发展起到了巨大的推动作用。考尔斯委员会的很多重要成员都来自欧洲。另一方面，奥地利学派经济学家的到来为正统经济学提供了重要的补充，正统经济学的自由市场信念得到了奥地利经济学的强化。虽然欧洲移民中也有一些著名的非正统经济学家，比如赫希曼、波兰尼，但他们的影响远远小于正统经济学家。况且欧洲的非正统经济学主要是马克思主义经济学，它在美国的影响并不大。赫希曼、波兰尼等人的到来对制度主义的发展难以起到促进作用，而且制度主义在这时候已迅速衰落下去。

小　结

20 世纪 40 年代后美国经济学的转变有着明确的方向，那就是向以新古典经济学为代表的正统经济学靠拢，逐渐抛弃曾经风靡一时的制度主义这一非正统学说。探讨这种转变的原因并非本文的任务，但从我们这里罗列出的转变过程中发生的事件，也可以发现一些导致这种转变的端倪。从学科内部来看，制度主义本身的缺陷使其无法支撑它在美国经济学界曾经占据的地位；正统经济学本身的发展加速了制度主义的衰落。外部因素几乎都朝着有利于正统经济学发展的方向发展。

当美国经济学的转变完成后，美国经济学的多元时代就彻底结束，新古典时代来临。由于在新古典时代，新古典经济学并未像多元时代一样，对其他学说表现出足够的宽容，反而是向非正统学说发起了甚至有些恶毒的攻击（比如库普曼斯对 NBER 方法的攻击，斯蒂格勒对制度主义的攻击，以及后来科斯对制度主义的污蔑），加之愈演愈烈的"经济学帝国主义"，转变之后，在经济学研究中处于支配地位的美国经济学进入了"新古典霸权"时代。

尾 声

故事进入尾声,在这里提出一些有待我们进一步思考的问题。

1. 中国是否需要自己的经济学?

19世纪后半期,美国诞生了自己的经济学,它以20世纪前半期曾风靡一时的制度主义为代表,但并不仅限于制度主义。美国之所以产生自己的经济学,是因为英法传统学说与美国的现实不相适应,难以解决美国特殊的问题。

今天的中国社会经济现实与19世纪后半叶的美国有诸多相似之处。经济的高速增长预示着中国像19世纪70年代的美国一样,即将在经济规模上跃居世界前列。与此同时,日益严峻的经济形势也有引发严重的劳资冲突的可能。大企业的成长产生垄断的趋势,财富的集中和社会分配不公的迹象也越发明显。在经济全球化的背景下,自由贸易对民族经济的冲击也是前所未有的。

在这样的背景下,我们的经济学走上了一条貌似相同的道路。像19世纪70年代的美国人学习德国一样,今天也有大批中国的青年学者纷纷留学美国,从美国带回了最先进的新古典经济学理论和思维。国内经济学界的争论同样旷日持久,出现了大量围绕现实问题发表的分析和评论。但是,当时美国的经济学与今日中国的经济学有一个实质性的区别,那就是中国没有产生多少原创性的理论,从而无法形成自己的特色，难以立足于世界经济学界。

从美国早期经济学的发展来看，在中国经济崛起的同时要实现中国经济学的崛起，有两点经验可供借鉴：

第一，必须紧密联系中国现实来学习先进的经济学理论和思想，并且要把学到的东西加以改造，以适应中国自己的需要。中国经济学在学习外论的过程中，无论是过去学习马克思主义经济学还是今天学习西方经济学，多少都带有照搬的痕迹，也就是通常所说的"马克思主义的教条化"和"西方经济学的教条化"。不顾国情照搬照抄不仅无法取得独立的学术地位，严重者甚至可能贻害国家。今日某些所谓"主流"经济学家的尴尬地位以及民众对经济学家普遍的不信任，正是照搬西方经济学理论的结果。反观美国早期经济学，美国经济学家学习德国学说的结果是产生了自己的理论体系——制度主义；学习边际主义的结果是成就了克拉克这样的一代宗师。如果他们不能联系美国现实对所学加以改造，他们只可能是某些理论和思想的阐释者。

第二，必须重视纯理论研究。今天中国经济学界产生的文献与美国经济学兴起前的情形非常相似。学术期刊上的论文以及出版的专著大多围绕着经济热点问题展开分析和讨论，鲜有纯理论的探讨。如果不能产生原创性的理论，中国的经济学不可能取得独立的地位，中国的经济学家也不可能赢得世界性的声誉。缺乏纯理论文献的原因主要有二：一是学风浮躁，从而没有理论创新的能力；二是认为学习别人的学说已经足够，没有必要形成自己的理论体系。经济学在很多方面不是普适性的学说，如果不承认这一点，原创性的理论自然难以产生。美国早期经济学正因为发现英法古典经济学不适应美国的需要，才从现实问题的探讨上升到了理论的归纳，从而脱离了英法古典经济学。与之相比，中国经济学界弥漫着一股全盘接受西方经济学之风，自然难以上升到产生原创性理论的高度。

2. 经济学研究是否有必要统一到一个旗帜下？

通常所说的美国经济学的多元时代不过短短 20 余年，而新古典霸权时代至今已半个多世纪，而且今天还看不到这个时代将要结束的明显迹象。是否可以从持续时间的长短来得出结论：经济学取得的长足进展得益于新古典范式一统天下？

首先，多元时代的制度主义经济学提出的诸多问题，今天已经成为正统经济学关注的主题，而且是今天最为活跃的研究领域：管制、谈判与契约、经济周期、法和经济学、家庭经济学、劳动经济学、环境问题、制度变迁等等。我们可以用制度主义主题的"新古典化"来描述今天经济学的新进展。看似新古典经济学解决了制度主义留下的问题，其实不然。制度主义对这些问题的探讨尽管缺乏系统的理论成就，但试问：新古典经济学家对美国社会保障等方面立法的影响，是否赶得上多元时代制度主义者的影响？新古典经济学家对美国经济和社会政策的影响，是否赶得上"新政"初期制度主义者的影响？或者说，哪一个新古典经济学家享有过特格维尔在"新政"初期罗斯福政府中的那种地位？制度主义者在世纪初就开始探讨、并通过他们的身体力行，借助立法和政策而部分解决了的问题，在新古典经济学中要等到发展了合适的工具之后才着手去分析，这只能说明新古典范式的局限。

其次，制度主义范式中包含的很多方面是新古典范式难以纳入的研究对象，即便勉强纳入，也难以和制度主义的分析相媲美。比如制度变迁问题，新古典经济学家囿于快乐主义的狭隘思维，将制度变迁的研究局限在效率问题上，将制度这一研究对象丰富的内涵极度地简化，而且将制度分析作为一种贯彻新古典经济学包含的意识形态的工具，使得他们的制度分析中，排除那些漂亮的公式之后，最为明显地凸现出来的，只不过是凡勃伦所说的那个在快乐与痛苦之间摆动的小圆球，以及"自由市场"这个亘古不变的主题。

统一到一个旗帜下的经济学研究道路越走越窄，尽管理论本身越来越严密，但它的外延却在不断地缩小。对其他学科极为不尊重的经济学"帝国主义者"，在陶醉于自己的些微成就的时候，却不知道他们正在成为其他学科嘲笑的对象。

3. 新古典经济学的胜利是否是经济学发展的自然结果？

随着新古典霸权的确立，新古典经济学的胜利被视为经济学"真理"的胜利，被视为先进的理论成功地淘汰了落后的理论。此后，制度主义这个曾经产生过重要影响的学派便开始成为经济思想史上的"失踪者"。制度主义风靡一时的那段历史也就被正统经济学家所忽视。正统经济学文献为何忽视这段历史？

这里有两方面的原因：一方面，制度主义没有建立起一个强大的"网络"对抗正统经济学，制度主义者疏于理论工作而自己"走失"，导致"失踪"；另一方面，正统经济学凭借自己建立的强大"网络"增强了自身的实力，同时打击了制度主义这一对手，制度主义成为了失踪者后，并没有去寻找。

在美国经济学的多元时代，古典经济学、边际主义和处于成型时期的新古典范式这些正统经济学说不乏支持者，而且强化新古典范式的计量经济学正在兴起；另一方面，以制度主义为代表的非正统经济学、或者美国自己的经济学也异常活跃。在这个多元时代，正统和非正统两个阵营都在构建自己的"网络"。从制度主义这方面来说，它的"行动者"包括米切尔、康芒斯、克拉克等在学界举足轻重的人物，包括"制度主义运动"这一实践制度主义者主张的事实本身，包括 NBER 这样的著名组织，也包括 NBER 等研究组织从洛克菲勒基金会、卡内基基金等机构得到的巨额资助。可以说，制度主义的行动者们在这些方面的行动能力超过了正统经济学。但对制度主义来说，最致命的是，它对理论体系的构建并不积极。制度主义者纷纷把精力集中在解决现实问题上，使得凡勃伦的庞大体系没有得到清晰的解释和提炼；康芒斯自己那个同样庞大、而且表达晦涩的理论体系也仅仅是他自己的行动指南，没有得到普及；米切尔沉迷于经济周期的研究，但是重点在于对经济周期的统计描述和预测，而非经济周期理论；克拉克尽管在营运成本、加速数等问题上开研究之先河，但在理论细节上的突破并不足以支撑制度主义的整个理论大厦；汉密尔顿等其他杰出的制度主义者同样只留下了供后人去发掘的思想。这样，制度主义的"网络"中缺少了一个足以吸引更多元素的核心。加之制度主义的诸多学术盟友——比如本能—习惯心理学、现实主义法学、实用主义哲学——开始转向或者日渐式微，原有的一些行动者离开了制度主义的"网络"；而且制度主义也没有努力向欧洲这一当时的经济学学术中心扩大它们的影响力；制度主义从 20 世纪 30 年代后期走向了衰落。可以说，制度主义的"失踪"一定程度上是由于它自己迷路而走失。

　　正统经济学同样在构建自己的网络。在这一时期，除了 J. B. 克拉克之外，费雪、陶西格、瓦伊纳、奈特等美国杰出的正统经济学家的影响远不及制度主义的领军人物；他们的实践、组织、金钱等这些行动者的行动能力也无法与制度主义相提并论。但是，正统经济学抓住了理论构建这一网络的核心，并且通过计量经济学为它的网络穿上了一件漂亮的外衣。

随着正统经济学的网络越来越强大，它开始了击败制度主义这个竞争者的努力，就像库普曼斯那样，"破坏对手的网络而指出对手的缺陷"（Yonay, 1998, 第115页）。在破坏制度主义的网络的同时，新古典经济学家通过"让他们的贡献看起来像是历史的自然发展而建构了他们的历史。……根据他们自己的说法来解释过去的故事，以证明自己的工作的正确性"（Yonay, 1998, 第163页）。"胜利的范式总是修改它们的领域的历史"（Yonay, 1998, 第49页）。正因此，在正统经济学培训系统中成长起来的经济学家没有机会去、也不会去关注制度主义，制度主义已经被正统经济学视为"不科学"的体系而抛弃；正统经济学文献中不会出现制度主义的历史。因为如果对制度主义加以肯定，或者哪怕是刺激了研究者的兴趣去发掘制度主义曾经产生的影响和作出的贡献，正统经济学就相当于自己去破坏自己的网络。

当然，以上问题都还需要进一步的证据才能得到更充分的说明。我希望这里讲述的故事能够引出新的故事。这有待于我以及对这些故事感兴趣的同行去探索新的故事。

参考文献

巴克豪斯(2002):《西方经济学史:从古希腊到21世纪初的经济大历史》,海南出版社、三环出版社2007年中译本。

巴里·巴恩斯(1974):《科学知识与社会学理论》,东方出版社2001年中译本。

巴里·巴恩斯(1985):《局外人看科学》,东方出版社2001年中译本。

巴里·巴恩斯、大卫·布鲁尔(2000):"相对主义、理性主义和知识社会学",《哲学译丛》2000年第1期。

伯恩斯(1956):《罗斯福:狮子与狐狸》,商务印书馆1987年中译本。

伯利、米恩斯(1932):《现代公司与私有财产》,商务印书馆2005年中译本。

大卫·布鲁尔(1976):《知识和社会意象》,东方出版社2001年中译本。

布莱克(1997):《美国社会生活与思想史》,商务印书馆中译本。

蔡仲(2004):《后现代相对主义与反科学思潮——科学、修饰与权利》,南京大学出版社。

凡勃伦(1898):"为什么经济学还不是一门进化科学",载《科学在现代文明中的地位及其他论文》,商务印书馆,2008年。

凡勃伦(1899a):"经济学的先入之见(I)",载《科学在现代文明中的地位及其他论文》,商务印书馆,2008年。

凡勃伦(1899b):"经济学的先入之见(II)",载《科学在现代文明中的地位及其他论文》,商务印书馆,2008年。

凡勃伦(1899c):《有闲阶级论:关于制度的经济研究》,商务印书馆1964年中译本。

凡勃伦(1900):"经济学的先入之见(III)",载《科学在现代文明中的地位及其他论文》,商务印书馆,2008年。

凡勃伦(1906):"科学在现代文明中的地位",载《科学在现代文明中的地位及其他论文》,商务印书馆,2008年。

凡勃伦(1908a):"科学观点的进化",载《科学在现代文明中的地位及其他论文》,商务印书馆,2008年。

凡勃伦(1908b):"克拉克教授的经济学",载《科学在现代文明中的地位及其他论文》,商务印书馆,2008年。

凡勃伦(1909):"边际效用理论的局限",载《科学在现代文明中的地位及其他论文》,商务印书馆,2008年。

福克纳(1964):《美国经济史》,商务印书馆中译本。

丹尼尔·富斯菲尔德(2003):《现代经济思想的渊源与演进》(第九版),上海财经大学出版社。

傅殷才(1996):《制度经济学派》,武汉出版社。

葛兆光(2003):"思想史:既做加法,也做减法",《读书》2003年第1期。

韩纳(1925):《经济思想史》,商务印书馆民国十四年(1925年)中译本。

胡杨(2003):"强纲领的建构与解构:兼论SSK研究纲领的转向",《哲学动态》2003年第10、11期。

惠特克(1974):《经济思想流派》,上海人民出版社。

季德、利斯特(1986):《经济学说史》(下册),商务印书馆。

贾根良(2010):"政治经济学的美国学派与大国崛起的经济学逻辑",《政治经济学评论》2010年第3期。

加尔布雷思(1973):《经济学和公共目标》,商务印书馆1980年中译本。

康芒斯(1924):《资本主义的法律基础》,商务印书馆2006年中译本。

康芒斯(1934):《制度经济学》,商务印书馆1962年中译本。

克拉克(1899):《财富的分配》,商务印书馆1997年中译本。

布鲁诺·拉图尔(1987):《科学在行动:怎样在社会中跟随科学家和工程师》,

东方出版社 2005 年中译本。

布鲁诺·拉图尔、史蒂夫·伍尔加(1986)：《实验室生活:科学事实的建构过程》，东方出版社 2004 年中译本。

罗尔(1981)：《经济思想史》，商务印书馆。

林聚任(2007)："从话语分析道反思性——科学知识社会学发展的一个新趋向"，《自然辩证法通讯》2007 年第 2 期。

刘华杰(2002)："科学元勘中 SSK 学派的历史与方法论述评"，《哲学研究》2002 年第 1 期。

刘华杰(2004)："科学知识社会学(SSK)的缘起与问题"，《探究心灵》(张曙光主编)，郑州人民出版社。

刘华杰(2005)："科学知识社会学综述"，在北京天则研究所召开的 213 次双周研讨会上的发言。

刘鹏(2005)："科学知识社会学理论评析"，《科学技术与辩证法》2005 年第 6 期。

刘绪贻(1991)："罗斯福新政与凯恩斯主义"，《美国研究》1991 年第 1 期。

迈克尔·马尔凯(1979)：《科学与知识社会学》，东方出版社 2001 年中译本。

迈克尔·马尔凯(1985)：《词语与世界:社会学分析形式的探讨》，商务印书馆 2007 年中译本。

马来平(2002)："与 SSK 对话:中国科技哲学的前沿课题"，《哲学动态》2002 年第 12 期。

卡尔·曼海姆(2000)：《意识形态与乌托邦》，商务印书馆中译本。

卡尔·曼海姆(2003)：《文化社会学论集》，辽宁教育出版社中译本。

罗伯特·默顿(1938)：《十七世纪英格兰的科学、技术与社会》，商务印书馆 2000 年中译本。

罗伯特·K.默顿(1973)：《科学社会学》，商务印书馆 2003 年中译本。

米切尔(1927)：《商业循环问题及其调整》，商务印书馆 1962 年中译本。

诺思(1990)：《制度、制度变迁与经济绩效》，上海三联书店、上海人民出版社

1994 年中译本。

M. 哈希姆·佩沙兰（1987）："经济计量学"，载《新帕尔格雷夫经济学大辞典》第二卷，第 8—23 页，经济科学出版社 1996 年中译本。

安德鲁·皮克林（1995）：《实践的冲撞：时间、力量与科学》，南京大学出版社 2004 年中译本。

乔治（1879）：《进步与贫困》，商务印书馆 1995 年中译本。

本·塞利格曼（2010）：《现代经济学主要流派》，华夏出版社。

塞利格曼（1894）：《租税转嫁与归宿》，商务印书馆 1931 年中译本。

陶大镛（1982）：《亨利·乔治经济思想述评》，中国社会科学出版社。

王阳（2003）："拉图尔的理论定位"，《哲学动态》2003 年第 7 期。

王阳（2004）："科学信仰的两种解释之争——评劳丹与布鲁尔之争"，《自然辩证法通讯》2004 年第 3 期。

威廉姆森（1985）：《资本主义经济制度：论企业签约与市场签约》，商务印书馆 2002 年中译本。

熊彼特（1995）：《经济分析史》（第三卷），商务印书馆。

张林（2006）：《新制度主义》，经济日报出版社。

邹薇（1996）："重新研究康芒斯的经济思想"，《经济科学》1996 年第 3 期。

Adams, Henry C., 1881, *Outline of Lectures upon Political Economy*, Baltimore: privately printed.

Adams, Henry C., 1886, "The Labor Problem," *Scientific American Supplement*, August, 21.

Adams, Henry C., 1887, "Relation of the State to Industrial Action," *Publications of the American Economic Association*, January: 471-549.

Ames, Edward, 1948, "A Theoretical and Statistical Dilemma – The Contributions of Burns, Mitchell, and Frickey to Business-Cycle Theory," *Econometrica*, Vol.16, No.4, pp.347-369.

Arrow, Kenneth J., 1952, "Cowles in the History of Economic Thought," Cowles Commission, *Cowles Fiftieth Anniversary Volume*, http://cowles.econ.yale.edu/archive/reprints/50th-arrow.htm.

Atkins, Willard, E., Donald W. McConnell, Corwin D. Edwards, Carl Raushenbush, Anton A. Friedrich, and Louis S. Reed, 1931, *Economic Behavior: An Institutional Approach*, Boston: Houghton Mifflin.

Atkinson, Glen, 1998, "An Evolutionary Theory of the Development Property and the State," in Warren J. Samuels (ed.) *The Founding of Institutional Economics: The Leisure Class and Sovereignty*, London: Routledge.

Backhouse, Roger E., 1998, The Transformation of U.S. Economics, 1920-1960: Viewed Through a Survey of Journal Articles, *History of Political Economy, Supplement: From Interwar Pluralism to Postwar Neoclassicism*, pp.86-107.

Balisciano, Marcia., 1998, Hope for America: American Notions of Economic Planning between Pluralism and Neoclassicism, 1930-1950, *History of Political Economy, Supplement: From Interwar Pluralism to Postwar Neoclassicism*, pp.153-178.

Bateman, Bradley W., 1998, Clearing the Ground: The Demise of the Social Gospel Movement and the Rise of Neoclassicism in American Economics, *History of Political Economy, Supplement: From Interwar Pluralism to Postwar Neoclassicism*, pp.29-52.

Biddle, Jeff, 1998, "Institutional Economics: A Case of Reproductive Failure?" *History of Political Economy*, Vol.30, No.1 (Spring): 108-133.

Biddle, Jeff E., Samuels, Warren J., 1995, "Introduction to *Legal Foundation of Capitalism*" (The Transaction Edition), New Brunswick, New Jersey: Transaction Publishers.

Blaug, Mark, 2003, "The Formalist Revolution of the 1950s," *Journal of the History of Economic Thought*, Vol.25, No.2, pp.145-156.

Cannan, Edwin, 1926, *A Review of Economic Theory*, London: King.

Carter, Michael R., 1985, "A Wisconsin Institutionalist Perspective on Microeconomic Theory of Institutions: The Insufficiency of Pareto Efficiency," *Journal of Economic Issues*, Vol.19, No.3 (Sep.): 797-813.

Chasse, Dennis J., 1986, "John R. Commons and the Democratic State," *Journal of Economic Issues*, Vol.20, No.3 (Sep.): 759-784.

Chasse, Dennis J., 1997a, "The Transaction in a Many Language Hypothesis," *Journal of Economic Issues*, Vol.31, No.2 (Jun.): 375-384.

Chasse, Dennis J., 1997b, "John R. Commons and the Special Interest Issues: Not Really Out of Date," *Journal of Economic Issues*, Vol.31, No.4 (Dec.): 933-949.

Christ, Carl F., 1952, "History of Cowles Commission: 1932-1952," Cowles Commission, *A Twenty Year Research Report*, http://cowles.econ.yale.edu/P/reports/1932-52b.htm.

Christ, Carl F., 1994, "The Cowles Commission's Contributions to Econometrics at Chicago, 1939-1955," *Journal of Economic Literature*, Vol.32, No.1 (Mar.): 30-59.

Clark, John B., 1907, *Essentials of Economic Theory as Applied to Modern Problems of Industry and Public Policy*, New York: Macmillan.

Clark, John M., 1917, "Business Acceleration and the Law of Demand: A Technical Factor in Business Cycle," *Journal of Political Economy*, Vol.25, No.3 (Sep.): 305-322.

Clark, John M., 1919, "Economic Theory in an Era of Social Readjustment," *American Economic Review*, Vol.9, No.1 (Mar.): 280-290.

Clark John M., 1924, *Studies in the Economics of Overhead Costs*, Chicago: University of Chicago Press.

Clark, John M., 1926, *Social Control of Business*, Chicago: University of Chicago Press.

Clark, John M., 1932, "Long-Range Planning for the Regularization of

Industry," *The New Republic*, January 13, Part 2.

Clark, John M., 1935, *Strategic Factors in Business Cycle*, New York: NBER.

Clark, John M., 1940, "Towards a Concept of Workable Competition," *American Economic Review*, Vol.30, No.2 (Jun.): 241-256.

Clark, John M., 1942, "The Theoretical Issues," *American Economic Review*, Vol.22, No.1 (Mar.): 1-12.

Coats, A. W., 1992, "Economics in the United States: 1920-1970," in A. W. Coats ed. *On the History of Economic Thought: British and American Economic Essays*, Vol.1, London: Routledge.

Commons, John R., 1924, *Legal Foundations of Capitalism*, New York: Macmillan, reprinted by Transaction Publishers (New Brunswick, New Jersey), 1995.

Commons, John R., 1934, *Myself*, New York: Macmillan.

Commons, John R., 1996, *John R. Commons Selected Essays*, edited by Malcolm Rutherford and Warren J. Samuels, London: Routledge.

Debreu, Gerard, 1952, "Mathematic Economics in Cowles," Cowles Commission, *Cowles Fiftieth Anniversary Volume*, http://cowles.econ.yale.edu/archive/reprints/50th-debreu.htm.

Dorfman, Joseph, 1949, *The Economic Mind in American Civilization, Vol. III: 1865-1918*, New York: The Viking Press.

Dorfman, Joseph, 1959, *The Economic Mind in American Civilization, Vol. IV-V: 1918-1933*, New York: The Viking Press.

Dugger, William M., 1996, "Sovereignty in Transaction Cost Economics: John R. Commons and Oliver E. Williamson," *Journal of Economic Issues*, Vol.30, No.2 (June): 427-433.

Dunbar, Charles F., 1886, "The Reaction in Political Economy," *Quarterly Journal of Economics,* Vol.1, No.1, pp.1-27.

Edie, Lionel D., 1927, "Some Positive Contributions of the Institutional

Concept," *Quarterly Journal of Economics*, Vol.41, No.2, pp.405-440.

Ely, Richard T., 1886, *The Labor Movement in America*, New York: Thomas Y. Crowell.

Ely, Richard T., 1887, "Political Economy in America," *North American Review*, No.CCCLXIII, (Feb.): 113-19.

Ely, Richard T., 1889, *An Introduction to Political Economy*, New York: Chautauqua Press.

Ely, Richard T., 1893, *Outlines of Economics*, New York: Flood and Vincent.

Ely, Richard T., 1909, "The American Economic Association 1885-1909, With Special Reference to Its Origin and Early Development: An Historical Sketch," Anniversary Meeting, Columbia University, pp.47-111.

Ezekiel, Mordecai, 1939, "The Economics of the National Resource Committee," *American Economic Review*, Vol.29, No.1 (Mar.). 60-73.

Ezekiel, Mordecai, and Guy Rowe, 1939, *Jobs for all through Industrial Expansion*, New York: Knopf.

Fiorito, Luca, 2006, "An Institutionalist's Journey into the Years of High Theory: John M. Clark on the Accelerator, the Multiplier, and their Interaction," *Working Paper*, Palermo University.

Fisher, Irving, 1909, "Simon Newcomb," *The Economic Journal*, December: 641-52.

Galbraith, John K., 1971, "How Keynes Came to America," in *Economics, Peace and Laughter*, New York: Houghton Mifflin.

Gonce, A. Richard, 1976, "The New Property Rights Approach and Commons's *Legal Foundations of Capitalism*," *Journal of Economic Issues*, Vol.10, No.4 (Dec.): 765-797.

Gonce, A. Richard, 1998, "The Identity ad Significance of Commons's *A Sociological View of Sovereignty*," in Warren J. Samuels (ed.) *The Founding of*

Institutional Economics: The Leisure Class and Sovereignty, London: Routledge.

Goodwin, Graufurd D., 1998, The Patrons of Economics in a Time of Transformation, *History of Political Economy, Supplement: From Interwar Pluralism to Postwar Neoclassicism*, pp.53-81.

Gruchy, Allan G., 1939, "The Concept of National Planning in Institutional Economics," *Southern Economic Journal*, Vol.6, No.2 (Oct.): 121-44.

Haavelmo, Trygve, 1943, "The Statistical Implications of a System of Simultaneous Equations," *Econometrica*, Vol.11, No.1 (Jan.): 1-12.

Haavelmo, Trygve, 1944, "The Probability Approach in Econometrics," *Econometrica*, Vol.12, Supplement (Jul.): 1-115.

Hadley, Arthur T., 1896, *Economics: An Account of the Relations between Private Property and Public Welfare*, New York: Putnam.

Hamilton, Walton H., 1919a, "The Institutional Approach to Economic Theory," *American Economic Review*, Vol.9, No.1 (Mar.): 309-318.

Hamilton, Walton H. ed., 1919b, *Current Economic Problems*, Chicago: University of Chicago Press.

Hands, Wade D., 1997, Conjectures and Reputations: The Sociology of Scientific Knowledge and the History of Economic Thought, *History of Political Economy*, Vol.29, No.4 (Winter): 695-739.

Hill, Forest G., 1957, "Wesley Mitchell's Theory of Planning," *Political Science Quarterly*, Vol.72, No.1 (Mar.): 100-18.

Hodgson, Jeoffrey M., 2001, "Frank Knight as an Institutional Economist," in Jeff E. Biddle, John B. Davis, and Steven G. Medema, eds., *Economics Broadly Considered: Essays in Honor of Warren J. Samuels*, London: Routledge.

Homan, Paul T., 1928, *Contemporary Economic Thought*, New York: Harper.(商务印书馆 1935 年中译本）

Homan, Paul T., 1932, "An Appraisal of Institutional Economics," *American*

Economic Review, Vol.22, No.1, pp.10-17.

Hood, William C. and Koopmans, Tjalling C., eds., 1953, *Studies in Econometric Method*, Cowles Commission Monograph 14, http://cowles.econ.yale.edu/P/cm/m14/index.htm.

Hunt, E. K., 1970, "Simon N. Patten's Contributions to Economics," *Journal of Economic Issue*, (Dec.): 38-55.

Kiekhofer, W. H. et al., 1932, "Institutional Economics," *American Economic Review*, Vol.22, No.1, Supplement, pp.105-116.

Koopmans, Tjalling C., 1947, "Measurement without Theory," *Review of Economic Statistics*, Vol.29, No.3 (Aug.): 161-172.

Koopmans, Tjalling C. ed., 1950, *Statistical Inference in Dynamic Economic Models*, Cowles Commission Monograph 10, http://cowles.econ.yale.edu/P/cm/m10/index.htm.

Latour, B., 1999, "For Bloor … and Beyond: A Reply to David Bloor's 'Anti-Latour'," *Studies in the History and Philosophy of Science*, 30:85, 114-115.

Laughlin, James L., 1892, "The Study of Political Economy in the United States," *Journal of Political Economy*, December: 1-12.

Lawson, Clive., 1996, "Holism and Collectivism in the Work of J. R. Commons," *Journal of Economic Issues*, Vol.30, No.4 (Dec.): 967-984.

Malinvaud, Edmond, 1952, "Econometric Methodology at the Cowles Commission: Rise and Maturity," Cowles Commission, *Cowles Fiftieth Anniversary Volume*, http://cowles.econ.yale.edu/archive/reprints/50th-malinvaud.htm.

Mayhew, Anne, 1998, How American Economists Came to Love the Sherman Antitrust Act, *History of Political Economy, Supplement: From Interwar Pluralism to Postwar Neoclassicism*, pp.179-201.

Mayo-Smith, Richmond, 1886, "Methods of Investigation in Political Economy," *Science*, Vol.8, July 23, pp.81-87.

Miller, Edythe S., 1998, "Veblen and Commons and the Concept of Community," in Warren J. Samuels (ed.) *The Founding of Institutional Economics: The Leisure Class and Sovereignty*, London: Routledge.

Mills, Frederick C. et al., 1928, "The Present Status and Future Prospects of Quantitative Economics," *American Economic Review*, Vol.18, No.1, Supplement, pp.28-45.

Mirowski, Philip and Hands, D. Wade, 1998, A Paradox of Budgets: The Postwar Stabilization of American Neoclassical Demand Theory, *History of Political Economy, Supplement: From Interwar Pluralism to Postwar Neoclassicism*, pp.260-292.

Mitchell, Wesley C., 1913, *Business Cycles*, Berkeley: University of California Press.

Mitchell, Wesley C., 1925, "Quantitative Analysis in Economic Theory," *American Economic Review*, Vol.15, No.1 (Mar.): 1-12.

Mitchell, Wesley C., 1935, "The Social Sciences and National Planning," *Science*, Vol.18 (Jan.): 55-62.

Mongiovi, Gary, 1988, "The American *Methodenstreit*," *History of Economics Society Bulletin*, Vol.10, No.1, pp.57-66.

Morgan, Mary S., Rutherford, Malcolm, 1998, American Economics: The Character of the Transformation, *History of Political Economy, Supplement: From Interwar Pluralism to Postwar Neoclassicism*, pp. 1-28.

Newcomb, Simon, 1870, "The Let-Alone Principle," *North American Review*, Vol.110, Iss.226, pp.1-33.

Newcomb, Simon, 1872, "Jevons' Theory of Political Economy," *The North American Review*, April: 436-38.

Newcomb, Simon, 1886, *Principles of Political Economy*, New York: Harper.

Ogburn, William F., 1919, "The Psychological Basis for the Economic Interpretation of History," *American Economic Review*, Vol.9, No.1 (Mar.): 291-308.

Oser, Jacob, 1963, *The Evolution of Economic Thought*, New York: Harcourt, Brace & World, INC.

Parrish, John B., 1967, "Rise of Economics as an Academic Discipline: The Formative Years to 1900," *Southern Economic Journal*, Vol.34, No.1 (Jul.): 1-16.

Parsons, Kenneth H., 1983, "John R. Commons: His Relevance to Contemporary Economics," *Journal of Economic Issues*, Vol.17, No.3 (Sep.): 755-778.

Patten, Simon N., 1885, *The Promises of Political Economy*, Philadelphia: Lippincott.

Pattern, Simon N., 1890, *The Economic Basis of Protection*, Philadelphia: University of Pennsylvania Press, Reprinted by Batoche Books, 2003.

Pessali, Huascar F., Fernandez, Ramon G., 1999, "Institutional Economics at the Micro Level? What Transaction Costs Theory Could Learn from Original Institutionalism (In the Spirit of Building Bridges)," *Journal of Economic Issues*, Vol.33, No.2 (June): 265-276.

Rader, Benjamin G., 1966, *The Academic Mind and Reform: The Influence of Richard T. Ely in American Life*, University of Kentucky Press.

Ramstad, Yngve, 1987, "Institutional Existentialism: More on Why John R. Commons Has So Few Fellows," *Journal of Economic Issues*, Vol.21, No.2 (June): 661-671.

Ramstad, Yngve, 1995, "John R. Commons's Puzzling Inconsequentiality as an Economic Theorist," *Journal of Economic Issues*, Vol.29, No.4 (Dec.): 991-1113.

Ramstad, Yngve, 1996, "Is a Transaction a Transaction?" *Journal of Economic Issues*, Vol.30, No.2 (June): 413-426.

Ramstad, Yngve, 1997, "The Social Psychological Underpinnings of Commons's Institutional Economics," *Journal of Economic Issues*, Vol.31, No.4 (Dec.): 881-916.

Ramstad, Yngve, 2001, "John R. Commons's Reasonable Value and the

Problem of Just Price," *Journal of Economic Issues*, Vol.35, No.2 (June): 252-277.

Rutherford, Malcolm, 1983, "J. R. Commons's Institutional Economics," *Journal of Economic Issues*, Vol.17, No.3 (Sep.): 721-744.

Rutherford, Malcom, 1984, Thorstein Veblen and the Processes of Institutional Change, *History of Political Economy*, 16(3), Fall, pp.331-48.

Rutherford, Malcolm, 1999, "Institutionalism as 'Scientific' Economics," in Roger Backhouse and John Creedy (eds.), *From Classical Economics to the Theory of the Firm: Essays in Honour of D. P. O'Brien*, Edward Elgar: Cheltenham, pp.223-43.

Rutherford, Malcolm, 2000a, "Institutionalism Between the Wars," *Journal of Economic Issues*, Vol.24, No.2 (Jun.): 291-303.

Rutherford, Malcolm, 2000b, "Understanding Institutional Economics: 1918-1929," *Journal of the History of Economic Thought*, Vol.22, No.3 (Fall): 277-308.

Rutherford, Malcolm, 2001, "Institutional Economics at Columbia University," *Working Paper*, University of Victoria.

Rutherford, Malcolm, 2002, "Morris A. Copeland: A Case Study in the History of Institutional Economics," *Journal of the History of Economic Thought*, Vol.24, No.3 (Fall): 261-290.

Rutherford, Malcolm, 2003a, "Chicago Economics and Institutionalism," *Working Paper*, University of Victoria.

Rutherford, Malcolm, 2003b, "On the Economic Frontier: Walton Hamilton, Institutional Economics, and Education," *History of Political Economy*, Vol.35, No.4 (Winter): 612-653.

Rutherford, Malcolm, 2004, "Walton H. Hamilton and the Public Control of Business," *Working Paper*, University of Victoria.

Rutherford, Malcolm, 2005, "Wisconsin Institutionalism: John R. Commons and His Students," *Working Paper*, University of Victoria.

Rutherford, Malcolm, 2006a, "Wisconsin Institutionalism: John R. Commons and his Students," *Labor History*, Vol.47, No.2 (May): 161-88.

Rutherford, Malcolm, 2006b, "The Institutionalist Reaction to Keynesian Economics," *Working Paper*, University of Victoria.

Rutherford, Malcolm, and DesRoches, C. Tyler, 2006, "The Institutionalist Reaction to Keynesian Economics," *Working Paper*, University of Victoria and Natural Resources Canada.

Samuels, Warren J., 1999, Introduction to the Problem of the History of the Interwar Period, in Warren J. Samuels and Jeff E. Biddle (ed.) *Research in the History of Economic Thought and Methodology*, Vol.18A, pp.139-147, New York: Elsevier Science Inc.

Scherer, F. M., 2000, "The Emigration of German-Speaking Economists after 1933," *Journal of Economic Literature*, Vol.38, No.3 (Sep.): 614-626.

Seligman, Edwin E. R., 1894, "Progressive Taxation in Theory and Practice," *Publications of the American Economic Association*, January-March.

Seligman, Edwin E. R., 1925, *Essays in Economics*, New York: Macmillan.

Sherman, Howard J., 1991, *The Business Cycle: Growth and Crisis under Capitalism*, Princeton, New Jersey: Princeton University Press.

Slichter, Sumner H, 1924, *Modern Economic Society*, New York: H. Holt.

Solow, Robert M., 1952, "Cowles and the Tradition of Macroeconomics," Cowles Commission, *Cowles Fiftieth Anniversary Volume*, http://cowles.econ.yale.edu/archive/reprints/50th-solow.htm.

Sowell, Thomas, 1976, The "Evolutionary" Economics of Thorstein Veblen, *Oxford Economic Paper*, New Series, 19(2), Jul., pp.177-98.

Stewart, Walter W., 1919, "Economic Theory – Discussion," *American Economic Review*, Vol.9, No.1 (Mar.): 319-320.

Sumner, William G., 1883, *Lectures on the History of Protection in the United States*, New York: Free Trade Club.

Sumner, William G., 1885, *Collected Essays in Political and Social Science*, New York: Macmillan.

Taussig, Frank, W., 1893, "Value and Distribution as Treated by Professor Marshall," *Publications of the American Economic Association*, January: 98-112.

Taussig, Frank W., 1921, "Is Market Price Determinate?" *Quarterly Journal of Economics*, Vol.35, No. 3 (May):394-411.

Taussig, Frank W., 1923, "A Contribution to the Study of Cost Curves," *Quarterly Journal of Economics*, Vol.38, No.4 (Nov.): 173-176.

Taussig, Frank W., 1927, *International Trade*, New York: Macmillan.

Taussig, Frank W., 1930, "Frankfurter and Green's Labor Injunction," *Quarterly Journal of Economics*, Vol.45, No.3 (Aug.): 684-686.

Tilman, Rick, 1996, *The Intellectual Legacy of Thorstein Veblen: Unresolved Issues*, London: Greenwood Press.

Tugwell, Rexford G., 1921, "The Economic Basis of Business Regulation," *American Economic Review*, Vol.11, No.1 (Mar.): 643-658.

Tugwell, Rexford G. ed., 1924, *The Trend of Economics*, Port Washington New York: Kennikat Press, 1971.

Tugwell, Rexford G., 1933, *The Industrial Discipline and the Governmental Arts*, New York: Columbia University Press.

Tugwell, Rexford G., 1935, *The Battle for Democracy*, New York: Columbia University Press.

Veblen, Thorstein, 1914, *The Instinct of Workmanship*, New York: Macmillan, reprinted by Roultledge/ Thoemmes Press, London, 1994.

Veblen, Thorstein, 1919, *The Vested Interests and the Common Man*, New York: B. W. Huebsch.

Veblen, Thorstein, 1921, *The Engineers and the Price System*, New York: Harcourt, Brace & World, Inc.

Veblen, Thorstein, 1923, *Absentee Ownership and Business Enterprise in Recent Times*, New York: B. W. Huebsch.

Viner, Jacob, 1926, "Economic Problems Involved in the Payment of International Debts," *American Economic Review*, Supplement: 91-92.

Viner, Jacob, 1936, "Professor Taussig's Contribution to the Theory of International Trade," in *Explorations in Economics: Notes and Essays Contributed in Honor of F. W. Taussig*, New York: McGraw-Hill.

Walker, Francis A., 1876, *The Wages Question: A Treatise on Wages and Wages Class*, New York: Henry Holt.

Weber, A. F., 1899, "American Economists of To-Day," *New England Magazine* (New Series), Vol. XXI, No.3 (Nov.): 259-72.

Whalen, Charles J., 1993, "Saving Capitalism by Making it Good: The Monetary Economics of John R. Commons," *Journal of Economic Issues*, Vol.27, No.4 (Dec.): 1155-1180.

Yonay, Yuval P., 1998, *The Struggle over the Soul of Economics: Institutionalist and Neoclassical Economists in America Between the Wars*, New Jersey: Princeton University Press.